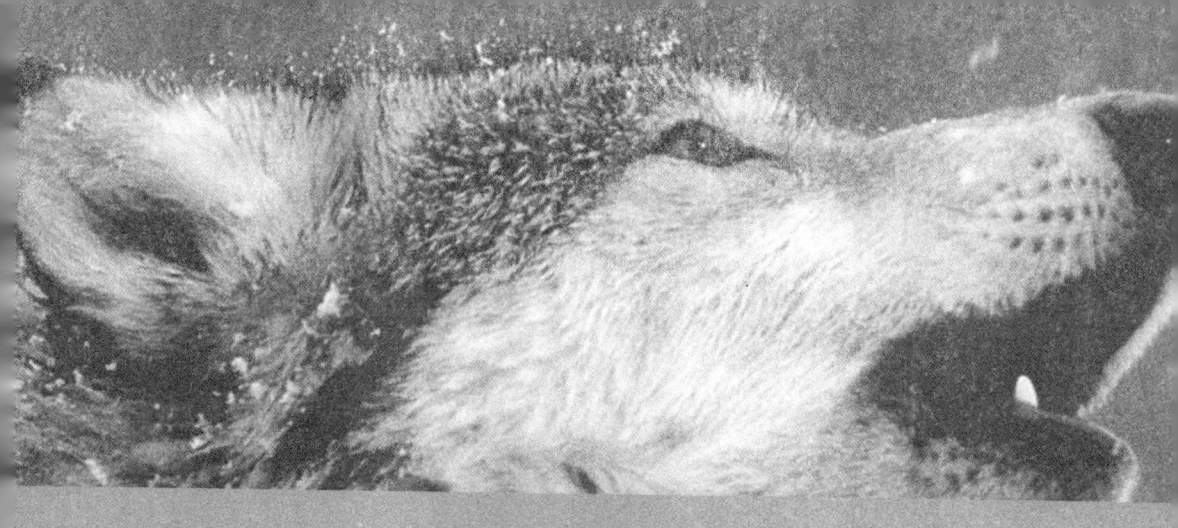

李睿◎编著

狼性执行
WOLF EXECUTION

企业如何打造卓越执行力

没有狼性执行力，就没有打败对手的竞争力

石油工业出版社

图书在版编目（CIP）数据

狼性执行：企业如何打造卓越执行力/李睿编著．
北京：石油工业出版社，2010.6
ISBN 978－7－5021－7771－3

Ⅰ．狼…
Ⅱ．李…
Ⅲ．企业管理
Ⅳ．F270

中国版本图书馆 CIP 数据核字（2010）第 077529 号

狼性执行——企业如何打造卓越执行力
李睿　编著

出版发行：石油工业出版社
　　　　（北京安定门外安华里 2 区 1 号　100011）
　　　　网址：www.petropub.com.cn
　　　　编辑部：(010)64523643　营销部：(010)64523603
经　　销：全国新华书店
印　　刷：北京晨旭印刷厂

2010 年 8 月第 1 版　2018 年 1 月第 25 次印刷
710×1000 毫米　开本：1/16　印张：15
字数：230 千字

定价：28.00 元
（如出现印装质量问题，我社发行部负责调换）
版权所有,翻印必究

前　言

说到狼的执行，想起了这样一段文字：

在茫茫草原上，几个黑色的身影正死死地追赶着一群疯狂奔跑的羚羊，这些羚羊是它们生存下去的希望。这些黑色的身影心里在默默地想着：快一点、再快一点，只有扑倒其中的一只，我们才算完成任务，才能活下去……

这些黑影就是狼，在它们的思维中，不仅仅有着肚子饥饿的难受，而且还有着头狼的命令。在这样的生存环境之下，它们只有不断地听从头狼的命令、不断地猎杀，它们才有生存的希望。无论天气多么恶劣、猎物多么难以捕获，它们都必须执行，无条件地执行。

相比较之下，人类团队的执行就相差很远了。

纵观当今中外市场，诸多企业中，为什么有着相似策略的企业结果却不同？为什么有着聪明才智的经营者，企业最后还是以失败而告终？为什么无数拥有伟大构想的企业成功的却是寥寥可数？例如，市场上众多的咖啡店中只有星巴克做得比较成功，为什么在众多的超市中只有沃尔玛、家乐福能够成功？同样做 PC 机，为什么只有戴尔独占鳌头？所有那些失败的企业都有着不同的失败原因，所有那些成功的企业之所以成功也有着诸多的原因，但成功的企业有一点是相同的，这一点就是他们都拥有强有力的执行力团队。

现在越来越多的企业明白"团队精神"和"执行力"的重要性，那么在一个企业中如何看待狼的执行力，如何把狼的执行力融入到企业文化建设中去，怎样才能建设好企业文化呢？

我们需要做到以下几点：

第一，明白什么是狼性，从中寻找企业做强做大的秘诀。同样的市场环境、同样的竞争对手，为什么有的企业能很快做强做大，而有的企业只能走向倒闭？原因就在于那些成功的企业身上有着共同的"基因"——强大的执行力。

第二，直面企业的生存，像狼一样提升执行力。既然企业要想获得成功，就得提升执行力，那么企业如何做才能做到这一点呢？关键就是要把企业的生存放在首位，真正从生存出发来提高执行力。如果我们失去了生存之忧，那么执行力也就很弱了。

第三，选对企业的员工，打造属于企业的"狼队"。一个善于执行的团队，必定由一个个善于执行的团员组成。只有选对这些人、管理好这些人，企业的执行力才会获得提升。

第四，打造企业的"狼性"文化，在企业团队中注入"狼性"基因。一个企业的执行文化将直接影响到整个企业的整体执行力。只有把"狼性"文化和企业文化融合在一起，企业的执行力才能获得支撑。

本书从以上四个方面对企业提升执行力所需要的内容进行了阐述，希望对企业、团队和企业领导者有所帮助。

编著者
2010年4月

目录 Contents

I篇 直击狼性,寻找企业做强做大的密码

狼,体型没有狮虎威猛,速度没有猎豹快,但是它们依然能在食物链中占据重要的一环。为什么?这不仅仅因为狼是一种群居性的动物,出入成群,狼多力量大,而且还因为狼是自然界中最懂得执行的动物之一。甚至很多时候,人类社会的某些群体和组织还要向狼群学习,比如说我们的企业、团队。在狼群的捕猎行动中,隐藏着企业做强做大的密码。只要我们能发掘这一点,企业做强做大大就不再是难题了。

第一章 狼群为什么如此强大 ……………………………… 3
  从狼群的一次完美猎杀说起 ……………………………… 4
  站好自己的位置、明确自己的职责 ……………………… 6
  狼群的制度和要求 ………………………………………… 8

第二章 强大狼群的共同基因 ………………………………… 11
  一流狼构成一流狼群 ……………………………………… 12
  顽强和坚韧打造狼群风骨 ………………………………… 14
  强硬管理淘汰无用之狼 …………………………………… 15

第三章　狼群存在的价值 ············ 19
　　依靠狼群的力量,迅速扩张自己的地盘 ············ 20
　　打造狼群,构建企业核心竞争力 ············ 22
　　凭借狼群强大优势重铸辉煌 ············ 24

第四章　主动去做比什么都重要 ············ 29
　　羊绝不会主动送到狼嘴边 ············ 30
　　守株待不了羊,主动才不会饿死 ············ 33
　　消极等待的人永无出头之日 ············ 37
　　被动,得到的只能是残羹剩饭 ············ 41
　　积极寻找适合自己的机遇 ············ 45
　　别指望坐着就能等到好机遇 ············ 48

Ⅱ篇　直面生存,像狼一样提升执行力

　　说到底,一个狼群的执行力决定着这个狼群的生存力。对于企业同样是如此。"没有执行力就没有生存力",这是现如今在管理界广为流传的一句话,并且很多企业都将如何提升企业的执行力当成了重中之重。可是怎样去提高企业的执行力呢?这就需要企业团队成员都能尽职尽责地去承担起自己的职责,让身处企业中的每个成员都能成为真正的执行者。

第五章　头狼执行力:领导者的修炼 ············ 53
　　头狼的价值观理念 ············ 54
　　头狼的领导艺术 ············ 59
　　合理利用每条狼 ············ 62
　　头狼也要以身作则 ············ 66

第六章　母狼执行力：贯彻和执行的有效保障 ………………… 71
依赖于"狼"的合力 ………………………………………… 72
完成群狼的沟通 …………………………………………… 75
执行独特激励机制 ………………………………………… 78

第七章　群狼执行力：员工决定一切 ………………………… 83
选择真正具备执行力的狼 ………………………………… 84
选择合适的狼做合适的事 ………………………………… 86

Ⅲ篇　打造"狼队"，构建高素质的执行团队

白疤狼群之所以发展得如此快，除了有白疤狼的领导外，还在于这个狼群拥有其他狼群所没有的优秀狼队。白疤狼群中的9条成年狼都是优秀成员，任何一条都可以参加捕杀团队，实施完美的捕杀任务。也正因为如此，这个狼群的捕杀执行力总是很高。

这说明：一个狼群要想提高执行力，关键要打造一个高效执行的"狼队"。反映在企业经营上，要想提高企业的整体执行力，就必须打造企业的高效执行"团队"。知识经济时代，很多企业的规模越来越大，但执行效率却越来越低。为了提高执行力，组织变革是必要的，而变革重在赋予每个人机会，让他们充分发挥出自身潜力。越来越多的企业认识到，答案就在"团队"上。

第八章　打造超级"狼军" ……………………………………… 93
"狼军"必不可少 …………………………………………… 94
重组"狼军"，走向强大 …………………………………… 98
控制"狼军"，获得胜利 …………………………………… 101

第九章　优秀头狼的执行纲领 ····· 105
以身作则，执行从头狼开始 ····· 106
低调但不失威严 ····· 111
关键时刻体现强悍个性 ····· 115
果断的决策力 ····· 118

第十章　执行之狼的特征 ····· 123
要有敢于行动的勇气 ····· 124
培养持之以恒的耐力 ····· 129
坚强的毅力 ····· 132
高涨的捕杀热情 ····· 137
坚定的信念 ····· 141
不达目的不罢休的决心 ····· 143

第十一章　前车可鉴，勿忘狼群血的教训 ····· 147
制定正确的发展方向 ····· 148
"执行"的痛苦 ····· 151
不要下达超出能力的执行命令 ····· 154

第十二章　主动执行，实现团队目标 ····· 159
有效执行，提高团队竞争力 ····· 160
行动是金，用行动战胜挫折 ····· 165
灵活行动，实现可持续发展 ····· 169
没有借口，坚决执行百分百 ····· 174
意图明确，队员才能有效执行 ····· 179

Ⅳ篇　执行文化，打造"狼性"企业的执行力

　　白疤狼群在捕猎时之所以能执行到位，除了白疤狼的威严之外，还有一个很重要的因素：白疤狼群有自己的执行体系——在捕猎之前狼群会进行沟通和交流，捕猎后头狼会根据每条狼的捕猎贡献进行合理的食物分配；如果狼群中的某条狼在捕猎时没有执行到位，那么它将会受到惩罚。只有这样，整个狼群在执行任务时才会奋勇向前。

　　其实一个企业也是如此，要想让全体员工都有执行的动力，就须具备自己的执行体系。当然在人类社会里，这种执行体系就是一种执行文化。一个企业有没有执行文化，执行文化的好坏，将直接决定员工执行结果的好坏，同样也决定着企业的发展态势。纵观世界上著名的一些企业，哪一个没有明确、有效的执行文化呢？

第十三章　沟通，捕猎前统一思想 ·········· 187
　　认识到执行的重要 ·········· 188
　　认同狼群的价值观 ·········· 189
　　从改变信念到改变行为 ·········· 193

第十四章　结果，没猎物就闭嘴 ·········· 199
　　从猎物去追寻捕猎过程 ·········· 200
　　要猎物就要解决问题 ·········· 206
　　捕猎中的风险 ·········· 210
　　一切靠结果说话 ·········· 213

第十五章　服从，捕杀猎物不需要理由 ·········· 217
　　竞争就是为了获胜而存在 ·········· 218
　　让效率说话，证明你的强大 ·········· 221
　　做一群快速飞奔的狼 ·········· 226

I 篇

直击狼性，寻找企业做强做大的密码

狼，体型没有狮虎威猛，速度没有猎豹快，但是它们依然能在食物链中占据重要的一环。为什么？这不仅仅因为狼是一种群居性的动物，出入成群，狼多力量大，而且还因为狼是自然界中最懂得执行的动物之一。甚至很多时候，人类社会的某些群体和组织还要向狼群学习，比如说我们的企业、团队。在狼群的捕猎行动中，隐藏着企业做强做大的密码。只要我们能发掘这一点，企业做强做大就不再是难题了。

狼性执行
LANGXING ZHIXING

第一章
狼群为什么如此强大

在自然界中,狼群是一种强大的动物群。这种强大并不是指它们的力量强大,也不是指他们的速度快捷,而是指它们猎杀猎物时的能力是超凡的。

弱肉强食是自然界的规律,任何个人、组织都不能避免,要想生存,就必须让自己变得强大。这种强大并不一定是体型的庞大,如大象;也不一定是个体力量的强大,如大猩猩。但是有一点,你必须具备自己的核心竞争力。什么是核心竞争力?

狮子的核心竞争力就是体型加上力量;猎豹的核心竞争力就是速度;那么狼既不具备体型力量,又不具备速度力量,它们凭什么占据生物链中重要的一环呢?并且在狮子、猎豹都难以生存的地方坚强地活了下来呢?要知道,无论是在严寒的冬季还是在干旱的草原,狼被饿死的情况很少发生,即使是在狮子都难以生存的非洲干旱的季节,狼也始终保持着群体的数量,不至于失去有生力量。为什么狼能做到这一点呢?

这就是我们要寻找的企业做强做大的密码,我们不妨从狼群的一次完美猎杀开始说起。

从狼群的一次完美猎杀说起

> 我们并不强壮
> 但是我们可以很强大
> 让猎物闻风丧胆
> 我们的每一次出击都是完美的猎杀
> 只有这样，我们才能生存
> ……
>
> ——【狼性宣言】

干旱的非洲大草原上，死一般的寂静。火辣辣的太阳似乎在发泄着光和热的淫威，它已经连续两个月炙烤着这片土地了。严重的缺水使得这里的动物纷纷开始迁徙，比如说野牛、羚羊、斑马……选择留下来的动物似乎只有两条路可以选择：死亡或者走向死亡。

狮子、猎豹、髭狗、狼群都面临着严峻的考验。它们都知道，在过去短短的一个月时间里，已经有三头狮子、两头猎豹因为没有捕获到猎物，被活活饿死，成了秃鹰嘴里的美餐。虽然髭狗没有自行死亡，但是也因为狮子们饥饿难忍，有四条成了狮子的美餐。虽然附近的狼群到现在为止还没有遭受损失，但是它们知道如果再不捕获一次猎物，饿死的命运将会来临。它们想要在这个季节生存下去，只有不断地埋伏、出击、收获，才能获得生命权。

这群狼除了头狼和母狼之外，还有9条成年狼，2条小狼，是母狼在春天的时候产下的，那时的草原，水美草肥，动物很多，捕猎不费多少力气。断断续续地，这群狼在这片草原上已经生活了将近五年了，具体五年前它们是从哪里迁徙过来的，人们并不知道。但是人们知道这群狼的头狼嘴部全部是白色的，似乎还有一道伤疤，明显是和其他动物打斗时留下的，于是当地的土著人给它取了一个非常形象的名字：白疤狼。

为了生存下去，更为了2条小狼能有足够的食物，白疤狼带着自己的狼群已经连续蹲伏两天两夜了，它们的目标是一群徘徊前进的角马，虽然数量不是很多，但是只要能捕获一头角马，那么接下来的日子就能好过一些，大家也就有了生存下去的力量。

可是，白疤狼知道，角马体型比较庞大，力量也不小，如果没有大家的配合，则很难获得成功。说到底，要捕获角马，必须在"天时、地利、狼和"的情况下进行，只要有其中一点不符合条件，就会前功尽弃。白疤狼正是明白这一点，在角马离自己的驻地还有二十公里的时候就开始悄悄地跟踪了，现在角马朝着自己的驻地走来，还有两公里地就要到自己的家门口了，如果能在此时发动袭击并且成功的话，对狼群最为有利了，不仅能把多余的食物拖回家去，两只小狼也能前来一饱美餐。

可是该如何发动袭击呢？在夜幕降临的时候，白疤狼进行了全方位的侦查。角马群正好在一个坡下，而狼群则正对着坡。突然间白疤狼有了主意，它悄悄地对底下的群狼进行了岗位的分配。

当太阳落下地平线的时候，白疤狼用冷峻的眼光看着群狼，意在让他们各就各位。群狼在头狼的指示下，悄悄地向自己的岗位移动。参加这次猎杀的狼总共有7条，头狼埋伏在山坡的对面，另外2条分别埋伏在角马群的两边，作围捕之用，而另外4条则作为主攻猎手，埋伏在山坡上，只要角马一出现，就群起而攻之。

入夜时分，正当天上的云彩把月亮遮住的时刻，头狼的一声嗥叫给群狼发出了攻击的信号。头狼的声音刚落下，负责围捕的2条狼分别从左右窜出，冲向角马群，而头狼也从山坡对面蹿出，冲下正面的角马群。角马一看三面有狼，就从没狼的山坡上逃走，这正好进入了狼群的埋伏圈，就当角马群冲上山坡的时候，负责捕杀的4条狼腾空而起，狠狠地咬住了一头角马的脖子，牙齿深深地插入了角马皮之中，因为角马的体型较大，其中的1条狼被拖着跑出几十米，愣是没有着地，否则后果将不堪设想。随后赶来的狼群群起而攻之，角马因为失血过多，最终倒地，

这次的狼群捕杀相当完美成功。

看到已经成功，头狼又发出了极有穿透力的嗥叫。过不多会，母狼带着2条小狼和另外2条负责看护家园的成年狼飞奔而来，一起享用这难得的美餐。

【狼性执行说】

虽然狼的捕猎成功率不算太高，但是几乎每一次都是近乎完美的猎杀。也正因为如此，狼群才会变得如此强大，对于猎物来说，狼群才会变得如此恐怖。一个企业，如果能达到这一点，那么就有希望做成全行业最大的龙头企业。

站好自己的位置、明确自己的职责

头狼就是我们的天命
我们坚决执行头狼的命令
在每次猎杀中找到自己的位置
明确自己的职责——
用对自己的牙齿、声音、身影
撕咬、助威、围捕
……

——【狼性宣言】

从白疤狼群的这次完美捕杀中我们可以看到，一次成功的执行，除了头狼需要做好岗位分配、计划安排之外，还需要群狼做到一点：站好自己的位置、明确自己的职责。无论是负责围捕的2条狼，还是负责猎杀的4条狼，甚至包括发号施令的头狼在内，都需要站好自己的位置，发挥自己的力量。

我们都知道，完美的执行是一个过程，在这个过程中，一环紧扣着一环，缺了任何一个环节都不行。以企业完成一个项目为例，从最初的接洽事宜、交流沟通、制订计划、谈判签订合同、开始执行计划、收尾……这一个个的环节就好比是链条上的链环一样，只要缺了其中任何一个，那么链子也就不再完整。

那么，对于企业老板、公司老总来说，要如何才能让员工站好自己的位置、明确自己的职责呢？

（1）最直接的办法就是制定岗位职责的标准。

在任何一个公司企业的任何一个岗位，都有这个岗位明确的要求和职责。比如说秘书岗位的具体职责是什么、部门经理的具体职责是什么、普通员工岗位的具体职责是什么……那么，如何才能让员工明白自己岗位的职责是什么呢？最直接的做法就是制定一个岗位职责的标准，详细明确地规定每个岗位的职责、权力和利益，这样员工就会很清楚自己该做的事情。就像头狼在分配猎杀任务时候一样，对群狼的任务分配非常明确，每条狼该做什么、该怎么做都分配得非常清楚。

（2）让员工知道自己的任务。

任何一个环节，都是一项任务中的一部分。对这项任务的了解是否清楚，将直接决定员工对自己的岗位是否负责。这一点对于员工执行力的大小也起着决定性的作用。

说起这一点，我们来看一个故事：

有一个纺织女工，对自己的工作非常不满意，纺织效率很低。她甚至抱怨，她的顶头上司有点不可理喻，一下子让她把黄线接上，还没纺上几针，又让她把黄线剪断，如此反复好几次，她觉得她的这份工作快要干不下去了，甚至她决定第二天就辞职。她的上司了解到她的想法之后，就把她带到一张很大的纺织图面前，她惊讶地发现自己纺织的那一部分正好是图画中人物头上的光环，金光闪闪，很好看，也很重要。这个女工很快明白了自己工作的重要性，便放弃了辞职的决定，一心一意开始纺织，不仅效率提高很多，纺织的质量也提高了。

试想，如果头狼只让它的狼群蹲伏在那里，而不告诉它们要干什么，很显然，这些狼群在角马出现的时候，也不会如此准确地咬破它的脖子。

(3) 让员工知道下一步的任务。

让员工知道下一步的任务就是要让员工知道自己以后该怎么做，只有让员工知道了自己下一步的任务，他才会主动去做，而不是事事都要等到老板来安排后才去做，那么，工作效率就能得到提高，执行力就能得到加强。这也就是为什么很多企业领导者会一下子给员工安排一个月、一个季度、甚至一年工作任务的原因。

如果要把企业打造成狼群，那么作为领导者的头狼，不仅要有明确的方向和完美的计划，还要让群狼知道自己的位置在哪里，该如何做。只有这样，群狼才能通力合作，击倒角马。

【狼性执行说】

狼群中的任何一条狼都有自己的职责，在任意一场捕杀中都能有所担负的重任。只有这样，狼群的捕猎才会变得容易，生存才变得容易。企业就是一个狼群，老板就是头狼，只有让员工明白自己在企业中的位置和职责，企业才能真正具备强大的执行力。

狼群的制度和要求

铁的纪律不仅适合于军队
也适合我们狼群
虽然我们的个性松散
但是我们的心——
却始终没有松懈过
遵守制度、明确要求
执行头狼的命令才会更加彻底
……

——【狼性宣言】

一个狼群就是一个有机的整体，而要让这个整体能够井然有序，必要的制度和要求是必不可少的。这正如一个企业，需要必要的规章制度一样，否则就成一盘散沙，头狼对手下的狼群失去了约束力，这个狼群也就失去了战斗力和竞争力，各自为战，总有一天会成为别人嘴里的美餐。

　　那么对于一个狼群来说，它的制度是什么呢？毫无疑问：轻则受到惩罚，重则驱赶出狼群，独自流浪。在温润的平原之上，一条流浪的狼或许还能活上一年半载。但是在干旱的草原、干旱的季节、食草性动物严重缺乏的时候，一条被驱逐出狼群的狼无异于走向死亡。被一个狼群抛弃，就意味着被判了死刑。

　　这个惩罚是残酷的，也是头狼保持自身威慑力的一种有力保障。记得白疤狼群刚来到这片草原的那年秋天，天气也是异常的干旱，母狼在一次捕猎的过程中发现了一条失去母亲的小狼。看着嗷嗷待哺的小狼，于是母狼就把它叼了回来，放在自己的狼群里喂养。刚开始的时候，这条小狼非常听话，完全能按照母狼的意思去做事情，头狼的吩咐也就更加不用说了。狼群中的每一条成年狼都对这条小狼照顾有加，小狼也在大家的照顾下茁壮地成长着。

　　可是随着这条狼慢慢长大，不仅露出了凶残的本性，而且还表现得相当桀骜不驯，不仅对母狼的养育之恩全然不顾，甚至在一次捕猎归来的路上，还要挑战头狼，想要抢夺头狼的位置。这一次，头狼没有丝毫犹豫，在经过了短暂的搏斗之后，那条狼被驱逐除了狼群，而这条狼也似乎有着一种"此处不留人，自有留人处"的想法，头也不回地离开了白疤狼群。

　　短短的几天之后，白疤狼带着自己的狼群在另外一个地方捕猎的时候发现了那条狼的尸体，肚子里面空空如也，什么东西都没有，显然是被饿死的。

　　从这件事情之后，狼群对白疤狼更加尊敬和服从了，他发出的命令，没有任何一条狼敢不服从的。因为群狼知道，如果做得不好，那条狼就是自己的前车之鉴。也正因为如此，白疤狼群在短短的几年时间里，从先前的3条成年狼发展成为现在的9条成年狼，2条小狼。地盘也从原先

9

的不足 2 平方公里发展到现在的 20 平方公里左右。

从白疤狼群的发展当中我们可以获得这样一个启示：一个企业要想获得发展、壮大自己的队伍、提高自己的竞争力，就必须制定严格的规章制度和岗位职责要求。一个员工该做什么，该怎么做，都必须有明确的规定，否则很可能会出现"混乱"的局面。一旦出现这种情况，企业整体的执行力就会遭到削减，竞争力就会下降。严重时连生存都会出现困难，更不用说发展和超越了。

【狼性执行说】

制度存在的目的就是为了减少执行的摩擦，让执行变得更加快捷、有效。这也是提高执行力的有利途径之一。狼群的执行力之所以比其他群体的执行力要强，关键就在于狼群懂得利用制度和要求来减少群体内部的内耗。

第二章
强大狼群的共同基因

毫无疑问，在非洲大草原上，白疤狼群算是一个比较强大的狼群。从白疤狼群的发展轨迹来看，它们之所以变得强大，有一个非常重要的原因：群狼的执行力非常强。无论是负责捕杀的狼，还是负责在家保卫家园、照顾幼狼的成年狼，都能恪尽职守，忠心耿耿地完成任务。

在现今竞争激烈的社会环境中，企业要想得到良好的生存与发展，似乎并不是件易事。然而是什么决定了企业的命运呢？当我们留心看身边的一些企业时，便很容易发现，一些惨淡经营的企业与发展良好的企业之间，最大的区别就是在于执行力的强弱。

确实如此，企业的命运是由他们自身的执行力的强弱所决定的，而大多数强大企业的共同基因是在于他们都有着强大的执行力。那么，现在就让我们把目光聚焦在以下的几家较为成功的企业身上，看看他们的执行力吧。

一流狼构成一流狼群

我们不是同一母亲所生
我们生活在不同的地方
草原、山岗、沙漠
我们的内心有着共同的追求
——优秀
无论是草原还是森林
从来都不是弱者的天堂，而是地狱
……

——【狼性宣言】

一个一流的狼群毫无疑问都是由一些一流的狼组成的。企业也是如此，一个一流的企业必须拥有一流的人才。正所谓21世纪的竞争，主要是人才的竞争，如果你的企业缺乏必要的人才，那么也就无法获得生存，更不用说壮大和发展了。

如韩国的LG电子无疑是一个一流的企业，而支撑起这个一流企业的，就是一群一流的人才。

韩国LG电子（LG Electronics）成立于1958年，是韩国第一家电子公司。多年来，LG电子一直坚持"一等人才"的策略，培育企业核心竞争力，从而才能逐步做大、做强，成为了世界电子企业的后起之秀。现在，LG电子在全球30多个国家建有工厂，有12个海外科技开发实验室，60多家子公司及办事处，拥有雇员5.5万人。LG电子业务涉及信息通信业务、数码家电、数码显示及媒介产品和显示设备4个领域，并且已经成为数码电子产品领域的全球领导商，正朝着世界"一等企业"迈进。2003年度，LG电子在《财富》全球"500强"中名列第261位，年营业收入178.36亿美元。

企业是一系列资源和能力的集合体，是以追求利润最大化为目标的经济组织。从本质上讲，企业核心竞争力就是指企业的生命力，企业的发展力，企业获取超额利润的能力。因此，要构建企业核心竞争力必须具备4个基本要素：一是包括优秀的人力资源、货币资本、技术创新专利、自主知识产权、政府特许以及稀缺的原料来源等资源要素；二是包括组织协调能力、应变能力、市场运作能力等能力要素；三是能向社会提供创新的、具有较高可使用价值的、独特的产品要素；四是获得高于行业平均利润率的超额利润的利润要素。资源要素和能力要素是培育企业核心竞争力的基础，产品要素是实现企业核心竞争力的手段，利润要素是构建企业核心竞争力的结果。

在资源要素中，人是"第一资源要素"，而高级管理人才和高科技人才更是企业的稀缺资源。在全球经济趋于一体化，市场竞争日趋白热化的今天，能够不断整合企业资源和能力的高级管理人才和不断实现客户价值的高科技人才，更成了决定企业生存和发展，乃至走向国际市场而立于不败之地的关键。

因此，LG电子认为，一个组织需要有丰富多样个性的人，才能形成充满活力与创意的组织，当然他们要在组织的共同目标和愿景基础上加以协调，最终成为个性鲜明的组织人，并且最重要的是，他们必须具备强效的执行力，能够将组织交付的任务及时完成，以期实现组织的利润最大化。这就是LG电子所说的"一等人才"。而LG电子要迈向世界"一等企业"，就必须要拥有这样的"一等人才"，这才是企业发展的不竭的动力，是培育企业核心竞争力的基础。

【狼性执行说】

只有一流的狼才能构成一流的狼群，一个企业只有具备一流的员工，企业的执行力才能达到一流。纵观那些已经获得成功或者正在获得成功的企业，无一不是具备优秀人才的企业。对于企业来说，要想让执行力获得提高，不妨从提高员工的整体素质开始。

顽强和坚韧打造狼群风骨

老天不是慈善家
不会把肉送到我们嘴边
我们只有
用顽强的意志
狼群的风骨
加上矫健的腿和锋利的牙齿
奔跑和撕咬
才能捕获猎物，才能继续生存
这就是我们的生活
……

——【狼性宣言】

我们都知道，狼是一种生命力极强的动物，人们常说猫有 9 条命，而狼则有 10 条命。那么狼这种极强的生命力从何而来呢？关键在于它具有顽强的性格和坚韧的毅力，无论遇到什么样的艰难困苦，从不轻言放弃。

狼群的打造和企业的创建也是一样的，如果一个企业不具备顽强和坚韧的毅力，也是无法获得成功的。纵观世界上那些知名的、还在发展的大企业，有几个不具备这种毅力呢？

瑞士雀巢（Nestle）公司不论是在销售或是知名度上，都是排名全球第一的食品公司。雀巢在全球 81 个国家有 479 家工厂，拥有 22.5 万名员工，有 8500 种食品、饮料和医药用品使用雀巢这一品牌，加上各种不同的包装、规格，雀巢的产品种类已多达 2.2 万余种。雀巢产品在国际上一向是领导品牌，从耳熟能详的雀巢婴幼儿营养品、雀巢咖啡、柠檬茶，到矿泉水系列及宠物食品等，都在全球销售上独占鳌头。2004年，雀巢在《财富》世界"500强"企业中名列第33位，全年营业收入654.15亿美元。

雀巢公司发展道路并不是十分平坦，但是凭借着其强大而有效的执行力，使公司渡过了一个又一个难关，看准了一个又一个商机，从而才促成了雀巢如今的辉煌，这也足以给现今的企业树立一个良好的榜样，体现出了执行力的重要性。

【狼性执行说】

要先捕获猎物，只有不断地奔跑、埋伏、冲击才能获得机会。在不断的奔跑和长途跋涉中，狼练就了顽强和坚韧的品格，只有具备这一点才能不被饿死。其实企业也是如此，在遭遇发展的瓶颈或者遭遇挫折的时候，要懂得坚持和顽强，像狼一样，不轻言放弃。

强硬管理淘汰无用之狼

在我们的世界
不允许"无用"这个两个字出现
要么征战、捕杀，要么饿死
有人说我们残忍
其实不然
只有这样
我们的狼群才不会被拖累
才能永远保持强大
……

——【狼性宣言】

一个狼群，要想时刻保持强大的竞争力，就得时时刻刻准备淘汰那些"无用"之狼。当然，这种"淘汰"并不是纯粹的丢弃，而是将他们调离重要的岗位。比如调离捕猎团队，放在保卫家园、当狼保姆的岗位上，它们丰富的经验既能给小狼以教育，又不会因为自己的年迈而影响到捕猎的整体效率。人类社会中的"退休制度"，在一个优秀的狼群之中同样存在。

当然，对于一个企业来说，不仅仅应该具备退休制度，而且还应该具备"裁员"、"淘汰"制度。这也是提升企业整体执行力的有效措施之一。

美国通用电气（General Electric）公司，简称 GE 公司，是世界上最大的电器和电子设备制造公司，它的产值占美国电工行业全部产值的 1/4 左右，其产品多达 25 万余种。1896 年创立的美国著名的道·琼斯工业指数在 100 多年的时间里，GE 公司是至今唯一一家仍然榜上有名的"长寿"企业。GE 公司从 1998—2002 年连续 5 年位居《财富》杂志"全美最受推崇公司"排行榜的首位；被《金融时报》评为"世界最受尊敬的公司"；被《福布斯》杂志评为"全球超级 50 强"之首。2004 年，GE 公司在《财富》世界"500 强"企业中排序第 9 位，年营业收入 1341.87 亿美元。

进入 20 世纪 80 年代，GE 公司这个历史悠久的企业即将步入盛极而衰的时期。恰在此时，杰克·韦尔奇于 1981 年出任 GE 公司总裁。当时 GE 公司有 41.2 万名员工，管理者多达 2.5 万名，其中大约有 500 名高级管理者和 130 名副总裁及以上级别的管理者。臃肿的机构和等级制度已经成为企业的累赘，官僚体制窒息了公司原有的创造性和创新激情。杰克·韦尔奇一上台就以令世人瞩目的强硬作风，大规模地解雇了近 35% 的雇员，全力实施改革企业内部管理机制，制定了提高工作效率的组织战略和力求在全球性竞争中保持领先地位的市场战略，积极实践给企业"消肿"、"减肥"的重组计划。在极短的时间内，使这个日渐衰落的企业面目一新，爆发出强大的活力。

20 世纪 80 年代中期，杰克·韦尔奇倡导"速度、简捷与自信"，致力于提高企业的生产和工作效率。20 世纪 90 年代，杰克·韦尔奇倡导

"无界限组织"和"群策群力"的管理理念，极力消除等级界限，发掘员工潜力，最大限度地调动员工的积极性。20世纪90年代后期，杰克·韦尔奇又推行了"6西格玛"质量管理，动员整个公司全力以赴，实现企业发展战略方面的新突破。可以说，杰克·韦尔奇在20年里一直在对GE公司实施管理创新，加大执行力度，使之成为全球最具竞争力的公司。

2001年，GE公司总资产达到4950亿美元，在全世界100多个国家开展业务，拥有员工近30万人，年销售收入从1981年的250亿美元增长到1259亿美元，净利润从1981年的15亿美元上升为141亿美元。GE公司的市值由130亿美元上升到4800亿美元。杰克·韦尔奇在任职的20年中，之所以能够将一个弥漫着官僚气息的公司打造成为充满朝气、富有生机的企业巨人，最主要的原因就在于他制定了有效的管理措施，并且强有力地执行的结果。

【狼性执行说】

很多企业执行力之所以不高，关键原因就是"无用之人"太多。造成机构臃肿，效率低下。我们应该从狼群身上学习一点：企业不是慈善机构，不能为企业创收，就得接受被淘汰的命运。要想企业获得发展，就应该狠下心来，淘汰那些无用之狼，精简机构，提高效率。

第三章
狼群存在的价值

一条狼和一个狼群的价值是不一样的,甚至可以说,狼群的存在是必不可少的。为什么呢?人们也许不太明白,但狼群中的任何一条狼对此都有自己的见解:或者是因为借助其他狼的力量来捕获更多的猎物,让自己不被饿死;或者是这个狼群就是它的家庭;或者……

暂且不管其中原因何在,但有一点是肯定的,只有这些狼真正明白了狼群存在的理由,并认同这种理由,它们才会尽心尽力地去为这个狼群效力。这就像企业中的员工一样,只有他认同这个企业存在的理由、明白自己在企业中的价值,那么他才会把全部精力都投入到工作上。无论哪一家企业,要想提升自我的执行力,在激烈的市场环境中得到更好的发展,都必须弄明白他们的企业为什么存在,存在的价值是什么。

白疤狼群的强大,是因为其中任何一条狼都明白如果失去了狼群,那自己只有死路一条;只有狼群变得越强大,捕获猎物才会更容易,生存才会更容易。所以说,只有当认识到团队存在的价值后,这支团队才能焕发出强大的执行力,才能变成一支战无不胜的超级团队。

那么,企业存在的价值是什么?其实,答案很简单,"为顾客创造价值→获取自身所需要的资本→更多地为顾客创造价值"。下面,我们还是将目光回转到那些成功企业的身上,从中寻找出企业存在的价值来。

依靠狼群的力量，迅速扩张自己的地盘

> 我们知道
> 一条狼的力量是有限的
> 只有依靠狼群的力量
> 才能捕获角马
> 才能打败竞争者
> 扩展自己的地盘、群体
> 狼群的力量
> 能战胜一切
> ……
>
> ——【狼性宣言】

白疤狼群刚来到这片草原的时候，仅仅只有3条成年狼，狼群可谓很小，所以它的领地也仅仅只有2平方公里。可是随着狼群的不断壮大，白疤狼群已经发展到9条成年狼，2条小狼，领地也从原来的2平方公里扩张到20平方公里左右。也就是说，白疤狼地盘的扩张，完全是凭借着狼群的力量来进行的。

其实企业在市场上的扩张也是如此，唯有依靠全体员工的力量，扩张计划才能得以实施，否则只能是空谈、梦想而已。

1997年，海尔的品牌价值达118亿元，居全国十大驰名商标第三位，是"中国最有价值的家电名牌"。海尔旗下，已形成了冰箱、空调、冷柜、洗衣机等系列产业。此时，聪明的海尔决策者们认识到，依托海尔品牌，实行资本运营，发挥海尔系数的增值作用，正是大好时机。经过对市场认真调研，海尔利用品牌入股等方式，先后低成本收购了红星电器厂、武汉希岛公司。1997年一系列的兼并，更是毫不例外地借助品牌运作，在硬件上没花一分钱，对被兼并的企业进行控股。其中，对合肥黄山电视机厂实现零成本收购，百分之百控股。海尔控股的杭州海尔电器有限公司生产的海尔彩电，面市仅3个月便跻身电视机类"购物首选品牌"行列。贵州海尔电器有限公司从1997年9月初开始试运行3个月，就实现两个突破：首批产品出口美国；专门为适应西南地区多雨潮湿气候设计的小王子178冰箱一上市便受到了消费者的极大欢迎。

充分利用"海尔"品牌优势，不仅有利于扩大海尔产品的市场份额，而且还大大降低了海尔资本扩张的成本。"海尔"是海尔集团的一笔无形的巨大财富，然而，这个财富并不是从天上掉下来的，而是海尔人经过多年抓质量、创名牌的结果。现在，海尔人真正体会到集团总裁张瑞敏"谁砸了产品的牌子，我就砸了谁的饭碗"这句话的含金量。海尔是中国唯一的一家四类主导产品（电冰箱、空调、冷柜、洗衣机）全部通过了ISO 9001认证的集团。目前，海尔已在128个国家和地区注册了516个商标，"海尔"正向世界知名品牌迈进。

仅用10年时间，海尔便以高质量、高技术、高水平的产品征服了全世界的消费者。

与此同时，海尔集团分别在香港建立了经贸公司，在东南亚国家建立了分厂，并建立了全球性的销售网络。1995年底，海尔集团已经拥有100余项国家专利，生产开发了7个品种、上千个花色规格的海尔电冰箱、空调、冰柜等高科技、高附加值系列产品，形成了为人赞叹的"海尔流派"：海尔集团是中国独家拥有超级节能全无氟系列冰箱生产能力的企业集团，具有目前国际上该产品最先进的水平；海尔集团还是目前世界上首家同时掌握三种CFC替代技术并形成了规模化生产的企业；同时还拥有中国唯一与美国UL、加拿大CSA等效检测资格的检测中心……

【狼性执行说】

一个员工的能力再强，他所能做的事情总是有限的；他只有依靠自己的企业、依靠所有的同事，才能做完整个项目，才能获得更大的成功。企业领导者要明白利用企业全体员工的力量来打开市场，寻找发展之道。

打造狼群，构建企业核心竞争力

我们没有狮子老虎的威猛

没有猎豹的速度

但是我们有自己的优势——狼群

只要我们嗥叫一声

狮子也得让步，猎豹也得胆颤

这就是我们生存的秘密武器——群起而攻之

……

——【狼性宣言】

任何一个企业都和狼群一样，要想生存在这个社会，就必须具备自己的核心竞争力。所谓核心竞争力，是指那些别人"学不了、偷不走、仿不了"的特点。白疤狼群之所以能在草原上生存、打败其他的狼群扩大自己的地盘，很大的原因是它所在的狼群具备强大的执行力，狼群空前的团结，这一点是任何一个狼群都无法和它媲美的，也是无法模仿的。所以，白疤狼群才得以在短时间内迅速壮大。

20世纪80年代，诺基亚在卡瑞·凯雷莫的率领下实现了企业转型，但是，由于未能及时构建企业核心竞争力，以致遭到严重挫折，企业濒临崩溃的边缘。20世纪90年代，诺基亚新总裁约玛·奥利拉通过建设以价值观为核心的企业文化，在很短的时间内，"以比对手更低的成本和更快的速度构建核心竞争力"，"把整个公司的技术和生产技能整合成核心竞争力，使各项业务能够及时把握不断变化的机遇"，实现了企业的"一朝腾飞"。

为了做到"顾客满意"，根据消费者的不同需求，诺基亚对产品类别进行区分。第一种是为了迎合一群把手机当作身上流行配件的消费者而推出的"时尚系列";第二种是"品位系列",主要针对重视品位的消费者而推出的,以满足其身份地位的需求;第三种是为一般年轻人推出的"沟通系列",对年轻人而言,手机是个人的图腾,是凸显自我的东西,沟通过程中只要有趣、好玩即可;第四种是"超级秘书系列",这些人很忙,要求手机一定要非常实用,希望手机能够代他们作时间管理;第五种是"活力系列",这部手机可能是一部户外用或假日用的手机,消费者在从事户外活动时或是在健身房时可以随身携带。

为了做到"顾客满意",诺基亚的技术创新是以三项工作为基础的。一是对尖端技术与科技动态的追求与把握;二是有很高的顾客满意度;三是有员工高度的自觉意识。而后两项中包含着诺基亚深厚的文化内涵,"科技以人为本","科技以消费者为本"。长期以来,企业的技术创新是"工程师主导论",工程师依据技术发展的趋势,确定技术创新的方向、目标和项目。可是诺基亚的"顾客满意"的价值观具体体现为技术创新的"消费者主导论",强调一切要从顾客的需要出发,企业和全体员工要及时发现顾客的需要,尊重和关怀顾客,最终为顾客带来价值,达到顾客满意。诺基亚赞赏永无止境地为顾客创造价值的行动,反对墨守成规,不允许循规蹈矩,要千方百计地为顾客解决问题,满足客户的各种需求。

为了做到"顾客满意",诺基亚不遗余力地加大科技创新的投入。在人才方面,诺基亚在全球有5.5万名员工,其中从事技术研究开发的人员超过1.7万名,达到31%,他们分布在全球12个国家的44个研究与开发中心。这些研究开发中心形成了一个全球合作网络,从而保证了诺基亚对技术发展的快速反应,保证了诺基亚在技术上的领先地位。1996年,这些研发中心已经在开发2005年的产品了。诺基亚打破了每两年发布一个新产品的业界规律,而是平均一个多月就有一个新品种问世。在资金方面,诺基亚很舍得在研究开发方面花钱。1998年,诺基亚用于研究开发的经费就占全年销售额的8.6%,即13.5亿美元;1999年,公司用于研究和开发新产品的经费达17.55亿欧元,占总营业额的9%,约占芬兰全国工业产品研制总费用的1/4。

【狼性执行说】

一个成功的企业必定有着自己的核心竞争力：别人学不去、模仿不了、偷不走……就像狼群所具备的执行力一样，无论是狮子老虎还是猎豹，都效仿不了。

凭借狼群强大优势重铸辉煌

我们曾经失败过
但是我们从未退缩过
依靠狼群
一切失去的都将回来
而离开狼群
一切拥有的都将失去
只有依靠狼群
才能重铸当年的辉煌
……

——【狼性宣言】

狼群的发展和企业的发展都是呈波浪状的，可能去年的狼群发展很快，但是今年的发展却很慢，等到明年，说不定又会很快。为什么会这样呢？原因很简单：一旦狼群发展很快的时候，头狼很可能就满足于现状，不去管理、疏忽于对猎物的追求，那么狼群就有可能遭遇损失，一旦损失，头狼就会凭借狼群强大的优势重铸辉煌。

狼群如此，企业也是如此。

在长期自我陶醉和恭维赞誉声中，IBM逐渐患上了"大企业病"。"大企业病"一词，是日本立石电机株式会社立石一真会长1981年秋首次提出的，是指企业发展到一定规模之后，在企业管理机制和管理职能等方面，不知不觉地滋生出阻滞企业继续发展的种种危机，企业不再具备以前的高效率，决策非常缓慢，难以适应市场的变化，使企业逐步走向倒退甚至衰败的一种慢性综合征。特别是到了 20 世纪 80 年代中期至 90 年代中期，面对瞬息万变的市场，IBM 已不能很好地适应市场的新变化。IBM 在产品的更新换代方面大大落后，除了在大型机、个人电脑市场上节节败退之外，IBM 打印机的日子也不好过。而新的竞争者不仅在功能上绝对领先，而且在价格方面也具有极大的优势。所以进入 90 年代，IBM 公司开始出现亏损，1991 年一下子亏损近 30 亿美元，1992 年亏损 50 亿美元，1993 年亏损更高达 81.01 亿美元。3 年累计亏损额达 168 亿美元，创美国企业史第二高亏损纪录。人们把 IBM 视为即将消失的恐龙。

1993 年 8 月，被认为是 IT 界传奇人物的路易斯·郭士纳出任 IBM 的首席执行官，受命于危难之际，担负起扭亏为盈、重塑"蓝色巨人"的重任。路易斯·郭士纳上任后，迅速作出一个决定，即坚决不拆散 IBM，不把 IBM 分成 13 家。他说："当所有的竞争对手都专心在一个领域里面，你要和别人不一样，做和别人不一样的事情，IBM 的优势就在于大。""我们要保持一家大的公司，在这家公司里面有不同的产品、有不同的服务，有硬件也有软件，可以提供整合的方向。"他强调应该把 IBM 公司当做一个全球性的公司，只有全球性地运作，IBM 才有机会竞争。

（1）抓住时代的发展潮流。

路易斯·郭士纳 1993 年上任后，敏锐地抓住了时代的发展潮流，力促 IBM 由传统制造业向新经济企业转型，果断地停掉了 IBM 几乎所有的大型机生产线，全力朝个人电脑方向经营。他抓住了个人电脑发展最重要的阶段：1994—1997 年，是美国个人电脑市场发展的黄金时期，1997—1999 年是个人电脑市场发展的高峰时期，到 2000 年，个人电脑市场已经开始走下坡路。

路易斯·郭士纳坚信："电子商务市场意味着未来的潜在市场，而 IBM 的所有架构必须适用网络经济的发展。我有一个坚定的信念：信息技术是一项划时代的技术，这样的技术 100 年左右才会出现一次，而且它的到来会改变人类社会的一切。"1996 年，IBM 正式对外宣布：IBM 开始

投资电子商务，目标是协助客户用Internet来做公司管理，把公司更多的未来，押注在国际网络上。注重电子商务，这标志着IBM已经完全摆脱了单纯的硬件制造商的角色。IBM开始全面进入到软件业，其数据库软件、办公室软件、企业管理及电子商务软件都是在这时候开始崛起的。

1998年，IBM向各大媒体砸下2亿美元，大幅刊登"你准备好迎接电子商务了吗？"的"e-business"广告。IBM在向世界的企业宣扬一个全新的概念，强调IBM客户重组企业策略的重要性，而IBM所提供的电子商务正是包含了硬件、软件的企业流程的改造，这个以网络为中心的模式不同于在硬件市场上的价格战，也不同于软件的版本升级，它的内涵是替客户建置信息架构和企业流程的重新改造，以使企业能够通过网络，更有效率和更方便地做生意。路易斯·郭士纳的逻辑就是，IBM所做的事并不是发展"新"事业，而是重新定义旧的事业，把旧的事业带入到新模式之中。

（2）将"服务"当做主角。

IBM历来是以硬件为主的公司，虽然拥有第一流的软件系统，但只是利用软件去推销硬件。路易斯·郭士纳看到了网络世纪的来临，要把IBM所有的软件研制部门都变成围绕网络计算这一中心目标进行业务活动的部门。他使软件和服务部门成为更为重要的角色，同硬件部门一起成为IBM的三大支柱。他的经营战略核心是使IBM成为一家专为客户解决问题的企业，弘扬IBM公司"为顾客提供最佳服务"的理念，将"服务"当做主角。

根据美国一家研究公司统计，全球2000年技术服务（含维修、顾问、委外服务等）市场规模，高达6600亿美元。IBM面对的正是这样一个异常庞大的市场。正因市场大饼浮出水面，所有信息业者都大笔投资建构服务团队，但IBM想的远不止如此。因为，服务最大的潜在力量不仅仅在于营收，更重要的是可以提早参与到客户未来3~5年的计划中，以期达到"最好服务"的效果，取得客户的信任，从而提升自己的品牌，利润自然也就得以实现最大化了。

（3）扩大服务领域的领导地位。

当硬件发展到一定成熟度时，很难突显差异性，而针对企业需求开发一套开放性的软件解决平台，才是服务能否稳定发展的关键。IBM 自 1995 年开始大力发展软件新产品，其间除推出数据库软件 DB2 外，还在 1995 与 1996 年买下群组软件巨人莲花公司和储存管理软件公司 Tivoli，补足原有的空白，扩大自己在科技服务领域的领导地位。

在调整几年之后，IBM 展现出了新的风貌，成功地从桌面计算领域的公司转变为在电子商务和因特网的领导公司，与微软、SAP、Oracle 和惠普等公司一样活跃在产业前沿。

【狼性执行说】

狼群的优势任何动物都无法阻挡，狼群想要创造的辉煌就一定能够实现。或许很多人会问凭什么？凭借的就是狼群的执行力。一个企业如果能做到像狼群一样，挖掘全体员工的潜力，那么执行力的提高也就不难了。

第四章
主动去做比什么都重要

草原上有无数的猎物，然而我们却从来看不到在原地慵懒地休息着、等待猎物找上门来的狼。因为在狼的字典里，从来都没有"等待"这个词，它们无时无刻不在准备着随时出击。只要猎物在自己的面前闪现，哪怕仅仅是一刹那，哪怕距离再远，它们也会毫不犹豫地快速冲出，冲向猎物，这是狼性使然。

主动出击，绝不守着自己的窝坐等羊的到来，是所有狼族成员的不二法则。

羊绝不会主动送到狼嘴边

狼知道羊绝不会送到嘴边
天上永远不会掉馅饼
努力是狼的生存之本
机会要自己争取
抓住每一个捕食的机会
只有这样才能填饱肚子
……

——【狼性宣言】

有一群成年狼，盯上了牧民的羊，于是在一个漆黑的深夜里，狼群对着牧民的羊圈发出嘶声长嗥，牧民惊起慌忙以狗应对，且不知这样却给狼创造了机会，霎时间，狼嚎狗吠，声天动地。突然，狼嚎声戛然而止，一片静寂，而狗群仍然吠声不断，此起彼伏。一会儿之后，狗群已精疲力尽，吠声渐弱，此时狼嚎声又起，狗群只得强打应对。如此反复几个回合，已使狗群因耗费大量精力而疲于应付，牧民早已疲惫不堪，自然无法抵挡狼群的猛烈攻击了，美美的食物就这样到了狼的口中。

狼懂得主动争取机会。它面对的敌人是强大的牧民和狗群，但是它没有畏惧和恐慌，相反地它主动去寻找、创造、争取机会。

聪明的狼从来不会愚蠢地守在自己的地盘，等待猎物送上门来，而是主动去寻找机会。因为它们知道，羊是不会主动送到嘴边的，只有主动出击才能捕获到猎物，才能够在恶劣的环境中生存下来。

同样道理，一个人要想成功，必须自己创造机会。如果只是坐等那个能把我们送往彼岸的海浪，海浪永远不会到来。

委内瑞拉著名的石油大亨拉菲勒·杜戴拉是一个白手起家的富豪，他在不到20年的时间里创建了拥有10亿美元的巨型产业。他能够成功的原因很多，但主要一点就是他善于争取一切机会扩大他的企业。

在20世纪60年代，杜戴拉已经拥有了一家玻璃制造公司，但他对此并不满足，一直渴望能进入石油的行业。为此他不断地在寻找时机，当他得知阿根廷准备在市场上买3000万美元的丁二烯油气时，他认为这是个机遇，不能错过了。于是他就来到了阿根廷，想看看能否获得合约，但是当他到达目的地时，他才发现他的竞争对手是实力雄厚的英国石油公司和壳牌石油公司。他虽然无法与实力强大的对手竞争，但他并不愿意就此善罢甘休。他了解到：阿根廷牛肉生产过剩。这时他感到这是一个难得的机会，他形成了自己的计划，并决定紧紧抓住他。

于是他找到了阿根廷政府说："如果你们愿意向我买3000万美元的丁二烯，我将向你们采购3000万美元的牛肉。"当时阿根廷政府正在为牛肉的事情而在想办法，当听了杜戴拉的条件后，认为这是个两全其美的事，于是就把这个合约给了他。

杜戴拉得到许诺后，迅速飞到了西班牙，当时那里的造船厂因无活可接而濒临倒闭，西班牙政府一直还没有解决。杜戴拉对西班牙政府说："如果你们向我买3000万美元的牛肉，我就在你们的制造厂订造3000万美元的油轮。"然后，杜戴拉又马不停蹄地飞到了美国的费城，这是他最后的关键一次谈判，杜戴拉做了详细的准备。他对太阳石油公司的经理说："如果你们愿意租用我在西班牙建造的3000万美元的油轮，我将向你们购买3000万美元的丁二烯油气。"太阳石油公司并没有提出异议就同意了。杜戴拉通过自己的努力，不断地争取到了机会，从而进入了石油业。

杜戴拉的成功看似有些偶然，但他的确是紧紧抓住了稍纵即逝的机会，并顺势果断地执行了自己的计划，从而达到了自己的目的。

守株待兔，是等不来机遇的，只有像杜戴拉那样，主动出击，才能

给自己创造机遇。

古代有位智者，他说他有移山大法，他所谓的移山大法，就是"山不过来，我就过去"。同样，没有机遇，我们可以创造机遇，天上不会掉下馅饼，机遇要靠我们自己去创造。

从前，有一位才华横溢、技艺精湛的年轻画家，早年在巴黎闯荡时却默默无闻、一贫如洗。他的画一张都卖不出去，原因是巴黎画店的老板只寄卖名人大家的作品，年轻的画家根本没有机会让自己的画进入画店出售。

成功似乎只是一步之遥，但却咫尺天涯。谁知过了不久，一件极有趣的事情发生了。画店的老板总会遇上一些年轻的顾客，热切地询问有没有那位年轻画家的画。画店老板拿不出来，最后只能遗憾地看着顾客满脸失望地离去。

这样不到一个多月的时间，年轻画家的名字就传遍了全巴黎大大小小的画店。画店的老板开始为自己的过失而感到后悔，多么渴望再次见到那位原来是如此"知名"的画家。

这时，年轻的画家出现在心急如焚的画店老板面前。他成功地拍卖了自己的作品，从而一夜成名。

原来，当满腹才华的画家兜里只剩下十几枚银币时，他想出了一个聪明的方法。他用钱雇佣了几个大学生，让他们每天去巴黎的大小画店四处转悠，每人在临走的时候都要询问画店的老板：有没有他的画？哪里可以买到他的画？这个聪明的方法使画家的名声鹊起，因此才出现了上面的一幕。

这个画家便是伟大的现代派巨匠毕加索。

的确，不是每一块金子在哪里都会发亮的，譬如，当它还埋在沙土中时。同样，也不是每一位有才华的人就一定会飞黄腾达。当机遇不至的时候，怨天尤人是无济于事的。这时，不妨学一学毕加索，动一动脑筋，想一个聪明的办法来创造自己的机遇。那么，成功也就不期而至了。

【狼性执行说】

狼往往能够主动出击，哪怕仅仅是几秒的时间，就获得了成功。而落后一步，就意味着失败，意味着挨饿。

守株待不了羊，主动才不会饿死

等待是没有食物

等待只有葬送自己的生命

主动出击才是生存

狼不习惯去等待食物

主动猎食是狼的本性

……

——【狼性宣言】

狼不习惯等待，它们无时无刻不在寻找猎物。为了找到更多更好的猎物，它们往往走得更远，花费的时间更多，耗费的精力更大。因为它们知道，守着自己的窝是等不来"羊"的，如果只是一味地等待羊自动送上门来，即使是奔跑速度最快的狼，即使是牙齿最锋利的狼，也难以避免挨饿，甚至被饿死的悲惨命运。

主动寻找猎物，这是狼的成功所在，也正是狼的聪明之处。

作为人，要想获得成功也要积极主动。爱迪生曾经说过："成功是99%的汗水加上1%的灵感。"这句名言很多人都耳熟能详。即使是爱迪生这样的天才都需要为了成功而主动地付出99%的汗水，那么，普通人要想成功就更需要主动地付出。

然而，很多人都以"等待"为处世哲学，他们不知道，其实在绝大多数时候，等待本身就是一种错误。懒惰的人以等待求得一时安宁，愚蠢的人则等待天上掉下馅饼。而结果却恰恰与他们的期望相反，一时的

安宁换来的是最终的四面楚歌，等待的馅饼没有出现，却只等来了咕咕叫的空肚子。

杨晓明毕业于某名牌大学。刚毕业时，他就认为文化产业必将是一个兴旺的产业，民营企业将会在图书行业里获得长足的发展。于是，他毕业后就到了某文化公司做了编辑。

凭着他深厚的文化功底，他在该文化公司做到了首席主编。看着图书业迅猛发展，他经常为自己独到的眼光感到自豪。不久，他也想自己开一家图书公司，投入到图书行业中去，以实现自己"繁荣中华文化，发家致富"的愿望。

但是，他觉得自己的机会还不成熟。图书市场的行情虽然不错，但是自己没有资金，也没有销售体系，本金太小投进去，风险太大。思前想后，他决定还是等一段时间，等自己积累了一些资金，找到适合的合伙人再说。

两年后，他积累了十几万资金，找到了几个合伙人，便投入到了图书行业。他信心十足，但等他公司出的书上市后，图书业却遇到了"寒冬"。市场上跟风的书太多，同质化严重。一些规模大，销售体系完善，善于经营的图书公司，充分发挥自身的优势，尚能够从市场上赚到一些利润。而一些规模小，销售体系不健全的小公司，则经不起市场的冲击，纷纷关门倒闭……

面对这种状况，杨晓明不得不宣布自己的公司倒闭。而此时，两年前进入图书行业的刘某，虽然只有小学学历，文化水平远远比不上杨晓明，却在图书行业做得很好。杨晓明后悔不迭，为什么自己没有在两年前"咬紧牙关"，创造条件投入图书行业之中呢？

世界上没有百分百成功的事情，如果想等到具有百分之百的把握才去做，也就没有做的必要了，因为在此之前已经有千千万万个人抢先一步取得了成功。所以说，面对困境，主动出击能够化险为夷，转危为安；面对机会，主动出击能够抢先一步取得利益，快人一步夺得桂冠。

第四章 主动去做比什么都重要

继东汉之后的群雄纷争中，刘备能后来居上，能在三国鼎立中称雄巴蜀，根本原因就在于诸葛亮主谋的主动进攻，不仅是行为上的，更是心理谋略上的。

赤壁之战爆发前夕，曹操占襄阳、破荆州，80万大军顺江东下，此时刘备势单力薄，惶惶如漏网之鱼。此际，诸葛亮当机立断，主动请求出使东吴，他说："事情紧急呀，请您让我去东吴一趟。"这是刘备事业转机的开始。

一到东吴，诸葛亮继续实施进攻策略：首先是舌战群儒，使东吴众多谋臣儒将理屈词穷，这是以攻为守，先声夺人。

见到孙权，诸葛亮又用激将法刺激孙权的自尊心与荣誉感。他说："现在，将军外表上服从曹操，内心却另有打算，事情紧急却不能决断，这样大难就要临头，你何不下决心早点向曹操投降呢？"这一激果然奏效，当孙权了解了刘备的态度后，下定决心孙刘联军与曹决战。这样，刘备在战略上不仅转危为安，实际上已胜利在握。

主动进攻的谋略，不仅使伟大的历史人物力挽狂澜，回天有力，也是平常人在生存中必须了解的立身之谋。如果你失业，不要希望工作会自动上门，不要期待政府、工会打电话请你去上班，或期待把你解聘的公司会请你吃回头草，天下没有这么好的事情。只有自己主动去争取，才能有机会成功。

松下幸之助年轻时家庭生活贫困，平时连件像样的衣服都没有，加上身材矮小，看起来更弱不禁风。

有一次，瘦弱矮小的松下到一家电器工厂去谋职。他走进这家工厂的人事部，向一位负责人说明了来意，请求给他安排一个哪怕是最低下的工作。这位负责人看到松下的衣着肮脏，又瘦又小，觉得很不理想。但又不好直说，于是就找了一个理由：我们现在暂时不缺人，你一个月后再来看看吧。这本来是个托辞，但

没想到一个月后松下真的来了，那位负责人没有办法只能推托说此刻有事，过几天再说吧。隔了几天松下又来了。如此反复多次，这位负责人干脆说出了真正的理由："你这样脏兮兮的是进不了我们工厂的。"

松下这下为难了，他知道父母是拿不出多余的钱让他买衣服的，怎么办呢？他想向朋友借钱，他认为如果面试成功，就不愁还不上朋友的钱了。于是，松下幸之助回去借了一些钱，买了一件整齐的衣服穿上又返回来。

这位负责人实在没有办法，只好问："你熟悉电器吗？你懂多少电器方面的知识？"松下摇了摇头，负责人便告诉松下："关于电器方面的知识你知道得太少了，我们不能要你。"松下低着头走出了负责人的办公室。

以后的日子里，松下拼命地学习。他没有钱买书，就去向别人借，或者到离家很远的免费图书馆看书。还把家里没有用的小电器拆了装，装了又拆，有时候为了弄懂一个问题忙到深夜才睡觉。

两个月后，松下幸之助再次来到这家企业，说："我已经学了不少有关电器方面的知识，您看我哪方面还有差距，我一项项来弥补。"

这位负责人盯着他看了半天才说："我干这行几十年了，头一次遇到像你这样来找工作的。我真佩服你的耐心和韧性。"结果，负责人终于被松下幸之助的毅力打动了，他进了那家工厂。后来松下又以其超人的努力逐渐锻炼成为了一个非凡的人物。

松下看到机会，积极主动去争取，即使遇到重重阻碍也不放弃，最后得到自己想要的。所以，一旦看到了机会，就要果断地抢先靠近它，并伸手去抓，哪怕这个机会还距离自己很远。被动地等待，想要让机会走到自己的鼻子底下，只需要一张嘴就能够吃到，这只能是痴心妄想。

【狼性执行说】

守在窝边等羊主动送到口中,这是傻瓜的逻辑,狼从来都不会守株待羊,等待只会有一个结果——挨饿。

消极等待的人永无出头之日

狼认为机会总是给有准备的人
消极地等待,是自寻死路
狼认为消极等于自杀
只有主动才能生存
……

——【狼性宣言】

一只狼在洞穴里慵懒地等待,这时候一只羊或者一只野兔,或许会因为不小心误入它的洞穴,让它不费吹灰之力就吃个饱,可是这仅仅是偶然,并不是等待所得到的必然馈赠。如果狼迷信这种偶然,坐等第二只、第三只乃至无数只羊和野兔源源不断地跑来,那么结果只有一个——饿死在洞穴。

狼守株是待不到"羊"的,人也是如此,消极等待是不会有大作为的。

消极等待的习惯就像是厚厚的泥土,如果一个人只是消极等待,即使他是一颗多么耀眼的"珍珠"也会被这种"泥土"掩饰掉光彩,永无出头之日。

弗兰森是美国一家著名公司的推销员,负责推销该公司生产的办公用品。他在纽约的分公司工作多年,销售业绩一直很突出。他不但具有销售工作的能力,而且是一个很和蔼的人,他乐于助人,

公司里的很多同事有困难或者难以下决定的事情，往往都要找他商量，征求他的意见。弗兰森本人对自己的工作也很满意，但是工作了两年之后，弗兰森开始有些不满足于现状了。

弗兰森认为，凭借自己的能力和销售业绩，早就应该得到升迁了，即使不能够成为一个主管，也完全应该拥有一个更高的职位，获得更好的待遇。可是，尽管两年来他勤勤恳恳地工作，却依旧是一个普通的推销员。

弗兰森的很多朋友都劝弗兰森针对这个问题和上级主管谈一谈，或者干脆另谋职业，但是弗兰森都微笑着拒绝了。他认为自己之所以还没有得到升迁，或许是因为自己做得还不够好，或者是别的什么原因。于是，为了获得更好的业绩，弗兰森更加努力地工作。

又是两年的时间过去了，弗兰森的销售业绩提高了许多，然而升迁的事情依旧一点征兆也没有。在这两年的时间里，弗兰森身边的同事有的已经当上了自己的领导，有的到了别的公司，也谋得了比较好的职位，只有弗兰森一个人还没有改变。

弗兰森终于忍不住了，他犹豫再三，终于在一个下午临下班的时候走进了公司经理的办公室。

总经理洛克正准备收拾东西回去，看到弗兰森走进来，就又重新坐了下来。

"你找我有什么事吗？"总经理看看表，显得有些不耐烦地说。公司里的人很多，显然他还不知道进来的人是谁。

弗兰森鼓足勇气，简要地介绍了一下自己，然后递上了早就准备好的简历，上面除了自己的基本资料之外，还有近两年来自己的销售业绩等数字资料，弗兰森相信这些是具有说服力的。最后，弗兰森提出了为自己升职的要求，并强调说："虽然我很愿意为公司继续效劳，但是如果不能够升职，我将不得不另外谋求职业。"

总经理洛克看完了弗兰森的简历之后，显得十分惊讶。他告诉弗兰森，按照他的销售业绩，早在两年前就应该被提升为销售主管了。总经理很快打电话找来了人事部门的负责人，询问其中的缘由。

　　经过调查，原来人事部门的经理在两年前辞职，该公司的人事档案在移交的时候出现了疏漏，准备向上级部门提交的关于弗兰森的升职意见书被埋在文件柜的底部，待了整整两年时间！

　　虽然总经理对这件事很重视，但是按照公司的进度，短期之内并没有相应的人事变动计划，弗兰森只能继续做一个普通的推销员，等待年终再一次考评的时候才能被升职。

　　虽然弗兰森最终得到了重视，但是漫长的等待却使他丧失了更早发展的机会。

　　生活中，像弗兰森一样的人不在少数，他们总把自己的原地踏步归结为自己的运气不好。他们往往只是守株待兔，被动地、消极地去等待命运的安排，等待有朝一日自己也能青云直上，却不懂得毛遂自荐，于是错过了良机，错过了出头之日。其实很多时候，成功需要的仅仅是自己主动地向前一步。

　　狼主动向前，抢到的是猎物，获得的是生存的权利，在自然界残酷的优胜劣汰法则之下，它们游刃有余。一个人要想获得辉煌的人生，也必须主动出击，吴士宏用自己的传奇经历，为我们创下了一个实践"主动出击"的狼性法则的完美范例。

　　　　吴士宏的童年是在"文化大革命"的喧闹和动荡中度过的，她所拥有的是一个支离破碎的家庭。初中毕业之后，遭受失学的打击。在北京待业一年多之后，才被分配到街道医院当护士。那时候的吴士宏还不满16岁，但是却每天忙于刷针管、刷厕所、搞卫生、学打针之类的种种事情。工作没多久，她竟然病倒了，这一病就是4年，被医生报了三次病危，但是最终还是活了过来。1983年年底，吴士宏大病初愈，依旧在原来的医院当护士。

　　看到很多人都上大学，但是自己却没有足够的钱考大学，于是她决定用最快最省的方法：高等教育自学考试。报名之后的16个月时间里，她一门一门地啃，付出了巨大的艰辛，最后终于全部按计

第四章 主动去做比什么都重要

39

划通过。没有人逼迫她这么做，她完完全全可以选择当一辈子的护士。可是她却要主动出击，而事实证明了，也正是这段时间的学习，写下了她辉煌人生的第一笔。

此后的她依旧不放弃英语的学习，为了纠正自己的发音，她抱着收音机自学。就在这时候，一个机会来临了——IBM招工。还是小护士的吴士宏，决定自己无论如何也要试一试，于是就壮起胆子到IBM应聘。

那是1985年，IBM的面试地点就在长城饭店。在长城饭店的外面，吴士宏花了足足5分钟的时间来观察别人怎么经过旋转门。

凭借自己英语自学考试的积累和抱着收音机听了一年半英文广播的基础，吴士宏通过了两轮的笔试和一次口试，面试也进行得很顺利。最后，主考官人事部经理苏珊·凯文问她："你会不会打字？"

"会！"吴士宏几乎是条件反射般地回答。

而事实上她在此之前还从未摸过打字机，但是她明白，回答了"不会"，很可能就失去了最后的机会。

"那么你一分钟能打多少？"苏珊又接着问。

吴士宏的心里对此一点概念都没有，只好故作镇定地问："您的要求是多少？"

主考官说了一个数字，吴士宏趁机看了看周围，在现场并没有打字机，她推测考官不会现场测试她的打字速度，于是急忙承诺自己可以达到，她知道，只有主动出击，才有可能赢得机会。

果然，考官听完了她的回答之后，说下次再测试打字。

面试结束之后，她飞快地跑回家，找亲友借了170元买了一台打字机，没日没夜地练习打字。有时候她的双手疲软得连吃饭都拿不住筷子。就这么苦练了一个星期，她竟奇迹般地达到了考官所说的打字标准。

就这样，吴士宏凭借自己的积极出击，获得了进入IBM这个顶尖公司的敲门砖。虽然只是做"行政专员"，工作的内容与打杂无异，但是这却成为她以后在IBM公司青云直上的第一步。

吴士宏的传奇人生从此开始。

很多人和吴士宏的早期经历都很类似，或许是一个普普通通的工厂工人，或者是一个小公司的推销员，或者是一个商店的售货员，很多人或许比吴士宏有更好的条件。然而，他们却甘心在自己的小圈子里平庸地度过每一天，消极地等待机会有一天会垂青自己。我们不妨想一下，如果吴士宏也选择了消极等待，或许今天她也还是一个默默无闻的护士，或许是护士长，绝对不会是叱咤风云的成功名人。

抓住机会，主动进取，是成就她辉煌人生的完美脚注。

【狼性执行说】

狼永远都不是一幅慵懒倦怠的神情，它们的目光时刻都是炯炯有神的，关注着猎物，关注着和自己同样饥饿难耐的捕猎对手。

被动，得到的只能是残羹剩饭

狼认为被动只有被别人捕杀
主动才是狼的本性
耐性是狼捕食的武器
积极寻找各种捕食的机会
消极等待，自己就会成为尸体
狼从不被动等待，只会主动出击
……

——【狼性宣言】

狼极有耐性，如果它们这一次捕猎不成，它们会去进行第二次、第三次……直到捕猎成功。因为它们知道，主动才能得到美味佳肴，被动得到的是残羹剩饭，甚至挨饿。

因此消极地等待，不如积极地去寻找；被动地防守，不如主动去攻击。

一味地防守，即使是有利于自己的大好局面也会被别人夺走。消极，优势会变成劣势，摆在面前的美味佳肴也会被别人先享用，留给自己的只能是残羹剩饭。

土耳其有一位名叫哈桑的年轻人，他很勤劳。在珍珠收获的季节，当地人组织了采珠队，哈桑加入了采珠队，辛辛苦苦地劳动。采珠季节过去之后，他得到了80枚金币作为自己劳动的报酬。他特意缝了一个小布袋，将这些金币装在里面，每天都小心地带在身上，打算去外地谋生——这80枚金币就是他谋生的本钱。

终于，哈桑准备动身了，在动身前，他又拿出了随身携带的小布袋，仔细数了一遍金币。这时候，正好有一个流浪妇人带着自己的孩子从他的旁边走过，看到哈桑的金币，就打起了坏主意。她急忙上前，一把抓住哈桑的衣襟，大声地喊道："你怎么能丢下我和孩子不顾，独自一个人外出呀！你把我们家的全部财产都带走了，我和孩子们以后可怎么活呀！"

周围的人听到了吵闹的声音，都一下子围拢上来，纷纷指责哈桑不该抛弃自己的妻儿。

突如其来的变故让哈桑有些不知所措，他定了定神，竭尽全力向周围看热闹的人解释，说自己并不认识这个妇人还有她身边的孩子，但是看着在一旁号啕大哭的妇人，大家都不相信他说的话，最后他们被迫来到法官面前。

妇人刚刚站定，就抢先向法官控诉，说哈桑和她已经结婚多年，还生育了几个孩子。婚后他们辛辛苦苦地积攒了80枚金币，但是现在哈桑却想一个人带着全部积蓄出走，到别的城市去过快活日子。

妇人的孩子见状也都扑向哈桑，拉着他的衣服喊爸爸。哈桑不知所措，百口难辩，无论他向法官如何解释，法官都不相信他的话。

最后法官判决：如果哈桑仍然坚持要到外地去，就必须将手中的80枚金币全部交给自己的"妻子"；不然的话，他就必须留在这里。

哈桑十分沮丧，他很想到外地去谋生，但是如果坚持走的话，自己辛辛苦苦赚来的钱就要白白地送给别人，这是他无论如何也不能答应的。一时间，他不知道怎么办才好。

愁眉苦脸的哈桑只好到当地的一个智者那里去求教，智者笑了笑，告诉他一个解决问题的方法。

第二天，哈桑按照智者所说的话去找法官，他对法官说："我决定到外地去，我可以把那80枚金币留下，不过我有一个要求，就是把我的孩子带走。"

那个妇人本来以为可以拿到金币，但是听了这番话之后，趾高气扬的她一下子改变了态度，无可奈何地放弃了那80枚金币。

人生在世，需要面临各种各样的变故与挑战，消极被动地面对，不主动地接受与改变现实，而是一味地回避退让，别人就会无理也占三分，最终吃亏的还是自己。变被动为主动，把自己置于主动出击的地位，以攻为守，往往可以使棘手的问题迎刃而解。

做人处事如此，企业间的竞争也不例外。无论是新技术新产品的开发、引进、生产，还是产品的销售，只要抢先一步，就会遥遥领先，挖得第一桶金。如果消极地等待，慢别人一拍，就会失去大好机会，把财富拱手相让，自己得到的只是残羹剩饭。

1981年6月，美国发现了第一例艾滋病病例。此后又陆续发现，这些病人最终都无一例外地走向死亡。很快，这种致命性的疾病给整个美国笼罩上了一层阴影。艾滋病很容易在性接触中传播，而且一旦感染上便无药可救，只能在痛苦中无助地死去。而美国又是性观念很开放的国家，一时间，安全套的需求开始急剧增加，甚至造成了美国本土安全套的脱销。

美国安全套市场脱销，美国本土的很多企业虽然知道这个信息，但是多数还只是处于观望的态度，不知道安全套销售紧俏的势头还

会持续多久，很多生产安全套的企业也还只是维持着和以前一样的生产规模，都准备看一看形势的发展再作决定。

然而，半个月过去了，安全套的脱销状况并没有得到缓解，美国的很多企业才开始意识到巨大的商机就摆在自己的面前，这才决定扩大生产规模。可是，令美国人没有想到的是，这时候的市场上开始出现了一批数量巨大的进口安全套，并迅速地占据了美国的各大经销点。

经调查，这些安全套都来自日本。美国人一下子愣住了，按照正常速度来算，日本产品经过海运到达美国，至少也要半个月甚至一个月的时间，这一次怎么会如此之快呢？这一切究竟是怎么回事？

原来，美国本土安全套存货不足的消息在半个月之前就被广泛报道，这个消息引起了两个日本商人的注意。他们获得消息之后，立刻不假思索地投入了行动。他们大量招工，并购置了一批新机器，让工人们三班倒地工作，保证机器全天候运转，最大规模地生产安全套。安全套很快就大量地生产出来，一箱箱包装好之后就放在仓库里。然而，数量众多的安全套想要越过宽阔的太平洋抵达美国却并非一件容易的事。如何运到美国？日本商人决定采用紧急空运，虽然空运的费用比较高，但他们能争取到时间。因为美国安全套脱销的事实已经并非什么秘密，这时候，美国本土的很多生产厂家也已经开始了大量的生产，如果其他的运输方式，等产品到达美国的时候，说不定早就过了销售的黄金时期。

当安全套空运到美国后，很快就成了抢手货。几乎所有的代销店都是门庭若市，从日本空运来的第一批2亿只安全套很快就被抢购一空，其中的利润足可以抵偿空运的运费，还大大地赚了一笔。

当美国的很多生产厂家回过神来的时候，早就被这两个日本人捷足先登，挖走了最大的一桶金。

两个日本商人抢先作出加快生产的决定，又不惜大代价让产品抢先登陆美国市场，最终抢先获得了巨大利益。而占据着绝对优势的美国商人，却被动地等待着，想等到具有百分百把握盈利的时候才动手，结果得到的只是残羹剩饭。

狼知道被动有害无利,所以从来都不会消极地等待,积极进取已经成了它们的精神内核。这一点值得每一个人反思。

【狼性执行说】

等待走向被动,被动就会挨打。守株待兔,哪怕是最容易捕猎到的猎物也会被别的捕猎者抢去。

积极寻找适合自己的机遇

狼在任何时候都会寻找生存的机遇
狼认为机遇都是自己创造的
别人永远不会给你机遇
狼会寻找机遇,更会抓住机遇
……

——【狼性宣言】

曾经有过这样一则关于狼的新闻:

浙江宁波东钱湖野生动物园,捕获了六只小狼,这些小狼刚刚一岁多,油滑的皮毛十分美丽,足可以让人忘记它们的凶残,产生怜惜之情。于是,动物园管理者给它们配备了专门的饲养员。

两个月以后的一天早晨,不可思议的事情发生了。当饲养员去给狼喂食时,发现6只小狼毫无踪影,经过仔细查找,发现用来阻截小狼的2米多高的铁丝网下部被撕开一道长长的裂口,很显然,狼是从这里逃跑了,它们先做出了缜密的逃亡计划,再趁着饲养员不在的时候逃跑了,为什么说它们的计划很缜密呢?因为它们不但要穿过一道2.5米高的专门用来阻截它们的铁丝网,还要穿过另一道壕沟与外面小路之间3米多高的铁丝网,所以说小狼的逃亡历程很艰难,如果不经过长期的周

第四章 主动去做比什么都重要

密计划是根本不可能的逃出去。

就这样，六只小狼离开了这个衣食无忧的动物园回到大自然中去了，去寻找适应它们的生存环境。聪明的狼在适应环境的同时，也在积极的寻找和创造更利于自己的生存环境。

狼是一种极具挑战性的动物，它之所以要从衣食无忧的动物园中逃出来，是因为它知道，在那里它永远也无法展示自己的"能力"，所以它们要把握一切机会，付出全部艰辛去创造适应它们的生存环境，而不是被动地听从命运的摆布。

同样道理，一个人要想有所作为，也需要有积极主动的精神，积极寻找适合自己的机遇，积极创造更有利的环境。

1957年，刚刚荣升台北市第十信用社董事会主席的蔡万春，不但没有表现出任何的欣喜，而且还面色肃然。他心里明白，在台北的金融同行中，"十信"太渺小了，小到根本无人去理睬它。台北信用良好、资金雄厚的大银行非常多，稍有点名声的商家、企业、个人都把钱存放到他们那里去了。

蔡万春深知自己的实力不可能与资金雄厚的大银行较量。但他又坚信，大银行虽然财大气粗，但它不可能没有"薄弱"或"疏漏"之处，而那些"薄弱"或"疏漏"之处，就是"十信"的好机会，自己则应该积极抢占这个生存之地。

蔡万春在街头巷尾调查研究，与市民交谈，跟友人商榷。工夫没有白费，他终于发现了那些大银行忽略了一个潜在大市场——向小型零散客户发展业务。

发现这一线商机后，蔡万春大张旗鼓地推出1元钱开户的"幸福存款"。一连数日，街头、车站、酒楼前、商厦门口，到处都是手拿喇叭、殷殷切切、满腔热忱向人们宣传"1元钱开户"种种好处的"十信"职员，而令人眼花缭乱的各种宣传品更是满城飞。"十信"的这种宣传活动令金融同行们大笑不止，人人都在嘲讽蔡万春瞎胡闹，"1元钱开户"根本行不通，连手续费还不够，更不必说要发展了。

但是，就在一片喧闹和嘲讽过后，奇迹出现了：家庭主妇、小商小贩、学生都争先到"十信"来办理"幸福存款","十信"的门口竟然排起了存款的长队,而且势头越来越旺。没过多久,"十信"即名扬台北市,存款额与日俱增。

迈出了成功的第一步,蔡万春信心倍增。"不能跟在别人后面走,必须乘胜追击!"蔡万春经过仔细的观察分析,又发现了一个无人问津的市场——夜市。随着市场的繁荣,灯火辉煌的夜市不比"白市"逊色多少,按照不成文的惯例,银行是不在夜晚营业的。蔡万春大胆推出夜间营业,台北市的各个阶层一致拍掌说好,许多商家专门为夜市在"十信"开户,经过不断地完善发展,"十信"誉满台北。

如此一来,"十信"汇涓涓细流集成汪洋大海,很快发展成为一个拥有17家分社、10万社员、存款额达170亿新台币的大社,名列台湾信用合作社之首。

资金雄厚了,蔡万春又有了新打算。1962年,蔡万春访问日本。日本闹市区的一座又一座金融业的高楼大厦给他留下了深刻的印象,他觉得这些雄伟壮观的大厦不仅令人难忘,更给人一种坚实感、信任感。回到台北,蔡万春就不惜重金在繁华地段建起一幢幢高楼大厦。这次,蔡万春的这一举动引起了金融界的轰动,对此褒贬不一,因此无人敢于效仿,不久后,蔡万春又一次证明了他的这一举动并不盲目:"十信"的营业额呈直线上升,甚至原先属于那些金融大家的客户,也有许多人跑到"十信"来了。

由此可见,积极寻找商机,就可以在激烈的竞争中得以胜出,如果被形势压倒,找不到适应生存的突破口,而不敢行动,更不敢变化,那么很难成为一名成功者。

狼善于把握机会,积极的寻找和创造自己想要的生活。在竞争激烈的商途上,要想生存、要想发展,也必须善于寻找机会,才能生存下去。

【狼性执行说】

主动积极才有肉吃,被动只能被其他动物吃掉。

别指望坐着就能等到好机遇

狼知道在什么时候是自己去捕食的最好机遇
狼会利用一切适合自己的机遇
黑夜是狼最喜欢活动的时间
黑夜也是任何猎物防备心最弱的时候
抓住黑夜，等于抓住吃饱的机遇
狼永远会利用好一切机遇
生存就是靠最好的机遇
……

——【狼性宣言】

所有狼都酷爱黑夜，到了黑夜，狼全身都充满了生命活力；酷爱战斗的狼到了黑夜，它们全身心都会充满求战的冲动。因为，对于狼来说，黑夜就是机遇。

在这个社会中，人也一定要学会把握机遇。在这样一个竞争激烈的社会中，想要在茫茫人海里成为一颗耀眼之星，就必须主动去寻找机遇，抓住机遇，只有懂得努力抓住人生机遇的人才有可能成功。

对于机遇，那些总也把握不住机遇的人常常抱怨："引导牛顿发现地球引力的那个著名苹果为什么不是掉在我的头上？那只藏着珍珠的巨贝偏偏就产在巴拉旺，而不是在我常去游泳的海湾？"

我们不妨想象一下这一切上帝都帮你实现了：上帝在你必经的路上不偏不倚地掉下一个苹果，你是像牛顿一样思考苹果掉落的原因，还是把它拾起来吃了？上帝把一颗巨大的珍珠放在你经过的路上，并将你绊倒，你是低头去发现它，还是怒气冲天地将它一脚踢下阴沟？

机遇无时不在，无处不有，把握机遇不是"守株待兔"般等着机遇的到来，那样只会同机遇擦身而过。机遇是不可捉摸的，无影无形，无声无息，它有时潜伏在你的工作中，有时徘徊在无人注意的角落里，你如果不用苦干的精神，努力去寻求、创造，也许永远得不到它。

夏天的一个雨季，山洪暴发，洪水将要淹没一个村落。教堂里有一个神父正在跪着祈祷，洪水已经漫到了他的膝盖。救生员驾着舢板来到教堂，对神父说："神父，赶快上来吧！不然洪水会把你淹死的！"神父说："不！我深信上帝会来救我。你先去救别人吧。"

过了不久，洪水已经淹过神父的胸口了，神父只好勉强站在祭坛上。这时，有一个警察开着快艇过来，对神父说："神父，快上来，不然你真的会被淹死的！"神父说："不，我要守住我的教堂，我相信上帝一定会来救我的。你还是先去救别人好了。"

又过了一会儿，洪水已经把整个教堂淹没了，神父只好紧紧抓住教堂顶端的十字架。一架直升飞机缓缓飞过来，飞行员丢下了绳梯之后大叫："神父，快上来，这是最后的机会了，我们可不愿意见到你被洪水淹死！"神父还是意志坚定地说："不，我要守住我的教堂！上帝一定会来救我的。你还是先去救别人好了。上帝会与我同在！"

洪水滚滚而来，固执的神父终于被淹死了……

神父上了天堂，见到上帝后很生气地问："主啊，我奉献自己终生，兢兢业业地侍奉您，您为什么不肯救我呢？"上帝说："我怎么不肯救你？第一次，我派了舢板来救你，你不要，我以为你担心舢板危险；第二次，我又派一只快艇去，你还是不要；第三次，我派了一架直升飞机去救你，结果你还是不愿意接受。所以我以为，你是急着想要回到我的身边来陪我……"

神父坐等机遇，最终失去了机遇。就像培根说过的："机会老人先给你送上它的头发，如果你没抓住，再抓就只能碰到它的秃头了。"因此，当机遇来临时，一定要努力争取，把它牢牢抓在手中。

有这样一个小故事：有一位青年在维修部当学徒工。一天，有人送来一辆坏了的自行车。他不仅将车修好了，还把车子擦拭得一尘不染，崭新如初。其他人对此不屑一顾，还笑他多此一举，费力不讨好。谁料

车主将车子取走的第二天，这位青年已经被本市一家赫赫有名的公司高薪聘用。原来，这辆不起眼的自行车的主人竟是这家公司的老板。故事中的青年固然幸运，但机遇是他自己用辛勤的劳动创造出来的。

　　德国大哲学家费希特年轻时曾经去拜访大名鼎鼎的康德，想向他讨教，不料康德对他很冷漠，拒绝了他。

　　费希特失去了一次机会，但他未受到影响，他不灰心，也不怨天尤人，而是从自己身上找原因，心想，我没有成果，两手空空，人家当然怕打搅了！我为什么不拿出成果来呢？

　　于是他埋头苦学，完成了一篇《天启的批判》的论文呈献给康德，并附上一封信。信中说："我是为了拜见自己最崇拜的大哲学家而来的，但仔细一想，对本身是否有这种资格都未审慎考虑，感到万分抱歉。虽然我也可以索求其他名人函介，但我决心毛遂自荐，这篇论文就是我自己的介绍信。"

　　康德细读了费希特的论文，不禁拍案叫绝，还被他的才华和独特的求学方式所震动，便决定"录取"，并亲笔写一封热情洋溢的回信，邀请费希特来一起探讨哲理。

　　由此，费希特获得了成功的机会，后来他成为德国著名的教育家和哲学家。

人生的得失常常在于机会的得失，有了一个机会，抓住它，利用它，你的命运将因此而发生改变；相反忽略它、远离它，那么你的一生只能陷于平常之中。做事也是如此，没有认真的态度，不懂得积极去争取，是永远做不好事的。

【狼性执行说】

　　一旦机会出现，就要牢牢地抓住它。等待只会让你走向被动，最终失掉机会，失掉财富。更何况绝大多数时候，机会只能靠自己主动去寻找。

II篇 直面生存,像狼一样提升执行力

说到底,一个狼群的执行力决定着这个狼群的生存力。对于企业同样是如此。"没有执行力就没有生存力",这是如今在管理界广为流传的一句话,并且很多企业都将如何提升企业的执行力当成了重中之重。可是怎样去提高企业的执行力呢?这就需要企业团队成员都能尽职尽责地去承担起自己的职责,让身处企业中的每个成员都能成为真正的执行者。

第五章
头狼执行力：领导者的修炼

一个狼群是否具备强大的执行力，关键要看头狼到底有没有执行力。如果头狼对整个群狼管理到位，捕猎时能动员狼群勇猛冲杀，对猎物又能合理分配，那么整个狼群就会爆发出勃勃的生机。

其实，无论是狼群还是企业，都是如此。只有领导者首先具备强大的执行力，员工才会有执行力意识。实际上，一个企业执行力的强弱在很大程度上是由该企业的领导层所决定的。换句话说，企业要想提升自身的执行力，就必须从提升领导层的执行力开始。那么，如何才能提升领导层的执行力呢？我们不妨还是从白疤狼群入手：

（1）合理使用每一条狼的职能。白疤狼会因为所处季节、地理位置的不同，合理地使用每一条狼，让合适的狼去做合适的事情。从表面上，这和头狼的执行力并没有多大的关系，其实不然。头狼的职责是组织群狼，给每一条狼分配任务、保卫自己的领地。只要头狼能做到这一点，就说明它是具备执行力的，就能号召群狼为整个狼群服务。

（2）懂得以身作则。白疤狼的主要职责并不是捕猎，但每次捕猎都少不了它的身影，并且都是竭尽全力。头狼之所以这样做，无非就是为了以身作则，让群狼知道，作为领导者同样在努力；同时也是通过这种做法来提高狼群的执行力。试想，头狼都出动了，作为狼群中的普通一员，哪有不努力的道理呢？

也正因为如此，狼群在白疤狼的带领下，呈现出勃勃生机，狼群数量不断扩大，地盘也在不断扩大。

头狼的价值观理念

> 头狼的一声嗥叫
> 往往决定一个狼群的命运
> 我们都是听命令的狼
> 无论头狼发出什么样的命令
> 我们都不折不扣地去执行
> 所以,头狼的好坏影响整个狼群的生存
> ……
>
> ——【狼性宣言】

如果头狼的价值观仅在于维持现状,那么这个狼群就不会获得太大的发展;如果头狼的价值观在于开疆辟土,那么这个狼群用不了多长时间,就会得到壮大发展。这就是说,头狼的价值观将决定狼群的发展方向和发展状况。

狼群如此,企业也是如此。

英特尔公司是全球最大的半导体芯片制造商,它成立于1968年,具有35年产品创新和市场领导的历史。1971年,英特尔推出了全球第一个微处理器。这一举措不仅改变了公司的未来,而且对整个工业产生了深远的影响。微处理器所带来的计算机和互联网革命,改变了这个世界。

2002年2月,英特尔被美国《财富》周刊评选为全球十大"最受推崇的公司"之一,名列第九。2002年接近尾声,美国《财富》杂志根据各公司在2002年度业务的表现、员工水平、管理质量、公司投资价值等六大准则排出了"2002年度最佳公司"。在这一排行榜上,英特尔公司荣登全球榜首。同时,在"2002全球最佳雇主"排行榜上,英特尔公司名列第 28 位。

像英特尔这样的公司，怎么能不重视在员工心中培养企业的价值观呢？在英特尔的观念中，公司是靠不断推出更好、更新的产品制胜市场，但产品是靠技术支撑，技术是由人掌握的，人又靠什么支撑呢？那就是信念。

为了把企业的价值观推向整个公司，英特尔采取了许多独到的做法。英特尔的每个员工都挂着写有公司价值观的胸卡，公司最重要的 6 个价值观已经深入员工内心。在公司价值观的引导下，"技术偏执狂"们变成了"英特尔人"（Inteler），这就是英特尔一直保持着业内领先地位的原因。

Intel 的 6 个价值观贯穿了 Intel 所有的工作，成为 Intel 公司宝贵的财富和成功得以为继的法宝。这 6 条价值观，既是工作方法论，也是人文环境标准，更是凝聚人心的企业的无形资产。它们包括：

（1）以客户为导向。

Intel 要求所有员工认真倾听客户、供应商和股东的声音，对他们的要求作出积极反应。Intel 从不为员工安排固定的停车位，包括高层人员在内，停车位向来是先到先停。但是有特别为客户保留的停车位。Intel 有一个厂商评鉴制度（VOC，Vendor of Choice），定期由 Intel 主要客户为 Intel 打分，所有评鉴的标准都是由这些客户制定的，包括交货、产品供应、客户服务、回应及时性等。"客户为导向"含义非常广泛，例如，公关部在安排记者采访时，媒体成为客户，就以媒体的需要为导向。公司内部员工之间也有客户的概念，相关联的员工相互之间也成为客户支持的关系。

（2）纪律严明。

Intel 企业文化的第二个支柱是纪律。过去 Intel 在硅谷有一个"名声不佳"的 8 点签到制度。公司早上 8 点上班，任何人，只要迟到 5 分钟，就得在特别准备的签名簿上留下大名才能继续工作。现在 Intel 与 IT 企业相比，在纪律方面是最严厉的。Intel 在硅谷的一个纪律是"清洁先生"检查制度，每个月一次，由资深经理们负责检视公司各个角落的整洁，并评定分数。硅谷是高科技企业汇集的地方，许多企业充分

尊重员工个性，给员工很大的自由度，而Intel的"严"纪律成为硅谷公司提倡自由的一个反例，但是Intel照样执行，极具个性。而且Intel在纪律里面专门有一条是让员工注重细节，这是一条非常有意义的提示，高科技所有的伟大成就都藏在细节里面。芯片中0.18μm这种线宽就代表了一个公司在技术领域里追求细节突破的伟大成就。而MMX这样的产品完全是对一个小芯片细节上的完美畅想。Intel公司是一个懂得细节造就成功的企业。

（3）质量至上。

Intel公司非常强调每个员工的工作质量，这是公司在客户心中制造质量神话的过程。Intel是技术领先者，这一切都需要高质量，无论是产品质量，还是技术和服务质量。

许多企业都是安排非技术人员在质量管理部门进行质量把关，质管人员负责检查成品，确保出货的成品合乎质量上的规定。安迪·葛鲁夫在Intel采取的是截然不同的方式，从开始就安排一位优秀的技术经理负责质量管理。需要质管人员"知其所以然"是Intel质量控制的一个特色。

（4）鼓励尝试冒险。

"鼓励尝试冒险"是Intel的文化特质中非常有特色的一项，这里说的鼓励尝试冒险并不是闭着眼睛，一头栽进去的匹夫之勇。Intel推崇的是充分评估，在接受挑战之前，充分掌握情报，尽可能了解种种变通之道与替代方案。Intel的创始人之一戈登·摩尔就有两次成功的挑战，一是成立仙童半导体公司，另一次则是成立Intel公司，他使"鼓励尝试冒险"成为Intel的文化。

在员工中，Intel非常鼓励冒险精神。在芯片领域里，创新成为日常工作，如果没有技术的领先性，就无法谈论优势，因为芯片是计算机的心脏，对其"健康"的要求超过许多产品。对员工来讲，既要以结果为导向，又要尝试冒险，好像是矛盾的，细究来看其实不是。因为有时候为了保证好的结果需要去冒险，有时候为了好的结果不能去冒险，所以Intel通过评估风险去降低冒险的风险。如果员工在经过冒险，没有取得成果，公司也会宽容他的行为。公司鼓励和奖赏承担风险的行为。

（5）良好的工作环境。

Intel 为了给员工更大的创意空间，主张在工作中进行争论，团队要密切合作。Intel 认为两个工程师经过讨论甚至激烈辩论之后产生的议案，往往比一个人闭门造车所推出的要好。更进一步，工程师提出的建议通常不够好，通过与客户、市场营销人员以及工程师之间的互动探讨，才能够开发出更好的产品。1993 年，Intel 开始第一届"创意日"，创新建议超过 100 件，最后出来了 2 件冠军议案，最后两个议案都用在 Intel 的新产品中。

在 Intel，往往是对有能力的人直接授予更高的职位，让有能力的人迎接更高的挑战。Intel 的看法是，重点是在于一个人学习的速度，而非他以往的经验。学习速度快的人，一旦授予高职，会更快速度地学习，以达到目标。

（6）以结果为导向。

以结果为导向，看投资回报怎么样，如果根本看不到结果或者结果不正确，就要调整。以结果为导向还有一个含义是，Intel 不问过程，只要结果，让员工有足够的自由去做值得尝试的挑战。Intel 认为，只要你预见到一个好结果，你就可以去试。

Intel 在"结果导向"管理上有一套成熟的机制，就是设定可评量的目标，依设定的时间表提出阶段性的成果。Intel 的灵魂人物安迪·葛鲁夫成为这项务实原则的监督人和实践者。以结果为导向意味着肯定积极的目标、具体的结果与产出。要让每个人了解团队的方向，必须要设定高目标，还要以量化的手法，务实地定出能够实现的进度和成功的指标，这样一来，每个成员就能站在自己的岗位上，尽一己之力。Intel 以"计划式管理"（MBP，Management by Planning）来推动结果导向的理念。每个事业部，每一个部门，以至每一个人，都必须为自己设立每一季度的工作目标，所有的工作目标设定都以公司的发展方向为指导原则，每一季度结束之时，每个人为自己的成果评分。同时，也通过相同的步骤设定下一季度的目标。为了让所有的人了解公司的方向，每个季度公司都为所有员工举行公司的经营会议（Business Update Meeting）。在会议中，

公布公司经营以及市场上的竞争状况。

英特尔的经理们常会这样说:"我们不会强迫员工去做,而是会对员工说,如果你要在英特尔成功,一定要这样。当员工心里有这个理念后,我们会再教他一些方法,帮助他这样做。在英特尔工作的员工,包括我自己,会有一个强烈感受:我被'英特尔化'(Intelize),或我成为'英特尔人'(Inteler)了,指的就是这个熏陶过程。"

从Intel的做法中,不难看出,企业的信仰是一种重要的管理手段,它可以被理解成是一种价值观。企业文化是由其传统和风气所构成,同时,文化意味着一个企业的价值观,这些价值观构成公司员工活力、意见和行为的模范。管理人员通过身体力行,把这些文化灌输给其员工并代代相传。

任何一个企业,刚开始都是从三、五个人起步的,这时候企业领导人的模范作用就是员工学习的榜样,但随着员工的逐渐增多,就需要拿出一个成文的价值观让新的员工可以学习,并且这一举措越早实施越好。

此外,管理者们还要注意,周围的社会和经济环境不断变化,价值观也需要不断发展。正如英特尔的价值观一样,开始的时候是3个,后来发展为6个,再后来又在6个价值观中增加具体的解释条款。通过这样的调整,才保证了英特尔始终在市场中保持正确的航向。

对于每个公司而言,都在发生企业文化的变化,老的企业文化在衰变,新的企业文化在产生,现代的企业具有强烈的竞争意识,这种精神可以包括在以下八个基本价值之中。

(1)目标原则,成功的企业必须具备有价值的目标。

(2)共识原则,企业成功与否,要看它能否聚集众人的能力。

(3)卓越原则,卓越不是指成就,而是一种精神,一种动力,一种工作伦理,培养追求卓越的精神。

(4)一体原则,全员参与,强化组织的一体感。

(5)成效原则,成效是激励的基础。

(6)实证原则,即强调科学的态度,善于运用事实、数据说话。

(7)亲密原则,即相互信任互相尊重,发挥团队精神。

（8）正直原则，正直就是诚实，以负责认真的态度进行工作。

企业要想获得成功，就必须通过对员工的内在控制来激发其工作热情，这才是执行力得以发挥的本源。的确，任何的控制手段对于员工来说只是一种外在控制，效果难以维持，对于执行力的提高并无裨益。而当企业的价值观被员工当作自己的内在精神支柱之后，他就会自觉地全身心投入到工作之中。但凡优秀的公司领导者都深谙此道，因此，他们从不对员工强加管制，而是从改善员工精神状态入手来对其加以引导，用企业的价值观来提高员工们的执行力，这样也使得企业不断发展壮大，从而形成良性的循环。这正是 Intel 公司成功的关键所在。

【狼性执行说】

企业的领导者等于狼群的头狼，一个命令或者一个指示将决定整个群体的命运。因此，这就要求企业领导者应该明确自己的价值观，明确企业的发展方向。能够做到这一点，企业的执行力就不会出现大的问题。

头狼的领导艺术

我们的头狼

不仅仅需要足够的威严

还需要狼群所认可的领导艺术

如果头狼做不到这一点

我们将会向它挑战

不能因为头狼的错误指示而毁了整个狼群

这样才能保持狼群持续强大

……

——【狼性宣言】

狼性执行——企业如何打造卓越执行力

头狼是否具备领导艺术，不仅仅决定了它能在这个狼群、在头狼的位置上待多久，而且还决定了这个狼群未来的生存和发展。同样，选择一个好的领导人，对企业的发展有着很大的好处，而选择一个不好的领导人，不仅会阻碍企业的发展，甚至还会把企业带向失败的深渊。说到底，一个企业领导人的领导艺术对企业整体执行力也起着决定性的作用。

一次一个名叫乔治·米勒的人被保罗·盖蒂派去勘测洛杉矶郊外的一些油田。米勒先生是著名的优秀管理人才，对石油行业很在行，而且勤奋、诚实，管理企业也有一套。所以保罗·盖蒂支付给他十分优厚的待遇。

为了考察米勒的真正本领，保罗·盖蒂在米勒到岗后一个星期到洛杉矶郊外的油田去视察，结果发现那里的面貌没有多大变化，仍然存在不少浪费及管理不善的现象。如员工和机器有闲置现象，工作进度慢等。另外，他还了解到米勒下工地的时间很少，整天待在办公室里。因此，该油田的利润并没有提高。针对这些状况，盖蒂要求米勒提出改进的措施。

一个月后，盖蒂又突然到那里去检查，发现改进还是不大，因此他有点生气，很想训斥米勒一顿。但经过思考他冷静下来，他相信米勒是有才干的，但为什么他到位后没有多大建树呢？盖蒂认为有必要找米勒谈谈。

盖蒂在米勒办公室坐下，尽管他没有板起脸孔，但还是严厉地说："我每次来到这里不会太久，总能发现有许多地方可以减少浪费，提高产量和增加利润，而你却整天坐在这里无动于衷。"

米勒说出了他的顾虑和想法："那是您的油田，油田上的一切都跟您有切身的关系，所以您有如此锐利的眼光，能看出一切问题来。"

米勒的回答使盖蒂大为震惊，他的话让盖蒂想了好几天。他想，人的行为动机、动力和利益是密切相关的，动机和利益一致了就会产生动力。据此，盖蒂决定在用人上进行一次大胆的尝试。他再次找米勒商谈。他见面后直截了当地说："我打算把这片油田交给你，从今天起我不付给你工薪，而付给你油田利润的百分比。这正如你所明白的，油田愈有效率，利润当然愈高，那么你的收入也愈多。你同意这个做法吗？"

米勒思索一番，觉得盖蒂的这一做法对自己来说，虽然是个压力和挑战，但亦是一个展示自己才干和谋求发展的机会，于是欣然接受了。从那一天起，洛杉矶郊外油田的面貌一天天地改观了。由于油田的盈亏与米勒的收入有切身的关系，他对这里的一切运作都精打细算，对员工严加管理。他把多余的人员遣散了，使闲置的机械工具发挥最大的效用，把整个油田的作业进行一环扣一环的安排和调整，减少了人力和物力的浪费。他改变了过去那种长期坐在办公室看报表的管理办法，几乎每天都到工地检查和督促工作。

两个月后，当盖蒂又一次去洛杉矶郊外油田视察时，他高兴极了，这里不但没有浪费的现象，相反，这里的产量和利润都大幅度增长了。这次尝试，使得米勒的潜能得以发挥，并大幅度地增加了工资，而盖蒂的收入更是呈几何级数的增长，并探索出了一条用人之道，可谓是一举两得。

保罗·盖蒂大胆起用有才干的人，他并没有因为米勒是著名的优秀管理人才而打压他，而是委以重任。盖蒂也没有天天守在米勒身旁，更没有放任不管，而是隔一段时间就去检查，看看情况如何。当他发现问题后，及时采取了有效的措施，调动了米勒的工作积极性，提高了整体的执行力度，从而最终取得了"双赢"的结果。盖蒂非凡的领导能力与其意识到执行的重要性有着很大的关系，这也是现今企业领导者值得借鉴和学习的宝贵经验。

【狼性执行说】

狼群可以选择头狼，而员工则无法选择企业领导人。这就给领导者提出了一个要求：懂得自省、提高自己的领导艺术。不要因为自己一个错误的指令，让企业和全体员工陷入"万劫不复"的境地。

合理利用每条狼

我们的生活里没有"无用"二字

即便是再老的狼

也能发挥自己的用处

聪明的头狼会给每条狼安排好任务

既不会让每条狼闲着

也不会让每条狼累着

合理利用,才能狼尽其用

狼群的威力才会发挥到极致

……

——【狼性宣言】

狼群中的每一条狼都有自己的价值,即便是老年狼也是如此,这是毫无疑问的。可是如何合理地利用这些狼的价值呢?这是头狼所要考虑的问题,不同的头狼有着不同的思考和做法。不过有一点是肯定的,只有合理利用每条狼,狼群的执行力才会得到增强,否则只能后退。

作为一家以执行力为根本的企业领导者,职责就是让正确的人在适当的时候做好正确的事。这并不是一个简单的问题。企业招聘员工不是要他来休息的,而是来工作,为公司创造效益。所以,"人才"一词应当包括两层含义,一是要先有人后有才,这个才是才华的才,也就是要先占有人才;二是先有人后有财,这个财是财产的财,也就是说,企业要合理地使用人才,要有效地整合人力资源,让正确的人做正确的事。那么,怎样做正确的事呢?我们来看沃尔玛公司是怎样做的:

沃尔玛公司在这点上就有自己的独到之处。即使是对待最下层的员工也是如此。沃尔玛公司十分关心自己的员工，公司里几乎所有的经理人员都用上了写有"我们关心我们的员工"字样的包钮扣。他们把员工称为"合伙人"，并注意倾听员工的意见。萨姆·沃尔顿曾对经理们说："关键在于深入商店，听一听各个合伙人要讲的是什么。那些最妙的主意都是店员和伙计们想出来的。"

萨姆·沃尔顿认为，许多企业里，大多数的经理们依靠恐吓和训斥来领导员工，没有什么比这种看法更错误了。好的领导者要注重待人，在业务的所有方面都加入人的因素。如果通过制造恐怖来经营，那么员工就会感到紧张，有问题也不敢提出，结果只会使问题变得更坏，他们还会因此害怕有独创性或是表述一个新见解。

在沃尔玛公司，管理者必须以真正诚恳的尊敬和亲切来对待自己的员工。管理者必须了解他们的为人，他们的家庭，他们的困难和他们的希望，必须尊重和赞赏他们，表现出对他们的关心，这样才能帮助他们成长和发展。

萨姆·沃尔顿经常参观一些所到之处的本公司的商店，询问一下基层的员工"你在想些什么"或"你最关心什么"等问题，通过同员工们聊天，了解他们的困难和需要。沃尔玛公司的一位职员回忆说："我们盼望懂事长来商店参观时的感觉，就像等待一位伟大的运动员、电影明星或政府首脑一样。但他一走进商店，我们原先那种敬畏的心情立即就被一种亲密感所取代。他以自己的平易近人把笼罩在他身上的那种传奇和神秘的色彩一扫而光。参观结束后，商店里的每一个人都清楚，他对我们所作的贡献怀有感激之情，不管它是多么微不足道。每个员工都似乎感到了自身的重要性。这几乎就像老朋友来看你那样。"萨姆·沃尔顿在一篇文章中写过这样一句话：我们都是人，都有不同的长处和短处。因此，真诚的帮助加上充分的理解和交流，一定会帮助我们取得胜利。记住，领导者必须总是把部属放在他们自己的前面。如果你能做到这一点，你的事业就将一帆风顺。

在沃尔玛公司，经常有一些各地的基层员工来到总部要求见董事长。沃尔顿先生总是耐心地接待他们，并做到将他们要说的话听完。如

果员工是正确的,他就会认真地解决有关的问题。他要求公司每一位经理人员认真贯彻公司的思想,把员工当成合作伙伴,而不要只做表面文章。

合作伙伴关系中包含金钱,但也考虑到了人类的基本行为、道德规范。尊重和关心一个由40万人组成的拥有真诚合伙关系的团体,在极大程度上能够把整体的利益置于个人利益之上,在这方面沃尔玛公司无疑是一个成功的范例。

如果将沃尔玛公司的用人之道浓缩成一个思想,那就是沟通。沟通正是沃尔玛公司成功的关键之一。沃尔玛公司以各种方式与员工进行沟通,从公司股东会议到极其简单的电话交谈,乃至卫星系统。他们把有关信息共享方面的管理看作是公司力量的新源泉。当公司仅有几家商店时就这么做,让商店经理和部门主管分享有关的数据资料。这也是构成沃尔玛公司管理者和员工合作伙伴关系的重要内容。

沃尔玛公司非常愿意让所有员工共同掌握公司的业务指标,并认为员工们了解其业务的进展情况是让他们最大限度地干好其本职工作的重要途径。分享信息和责任是任何合伙关系的核心。它使员工产生责任感和参与感,意识到自己的工作在公司的重要性,觉得自己得到了公司的尊重和信任,他们会努力争取更好的成绩。

沃尔玛公司是同行业中最早实行与员工共享信息、授予员工参与权的公司,与员工共同掌握许多指标是整个公司不断恪守的经营原则。每一件有关公司的事都公开。在任何一个沃尔玛商店里,都公布该店的利润、进货、销售和减价情况,并且不只是向经理及其助理们公布,还会向每个员工、计时工和兼职雇员公布各种信息,鼓励他们争取更好的成绩。萨姆·沃尔顿曾说:"当我看到某个部门经理自豪地向我汇报他的各个指标情况,并告诉我他位居公司第五名,并打算在下一年度夺取第一名时,没有什么比这更令人欣慰的了。如果我们管理者真正致力于把买卖商品并获得利润的激情灌输给每一位员工和合伙人,那么我们就拥有势不可挡的力量。"

总结沃尔玛公司的成功经验,交流沟通是很重要的一方面。管理者尽可能地同他的"合伙人"进行交流,员工们知道得越多,理解就越深刻，对公司也就越关心。一旦他们开始关心，什么困难也不能阻挡他们。如果不信任自己的"合伙人"，不让他们知道事情的进程，他们会认为自己没有被当作真正的合伙人。情报就是力量，把这份力量给予自己的同事所得到的利益将远远超过将消息泄露给竞争对手所带来的风险。

沃尔玛公司的股东大会是全美最大的股东大会，每次大会公司都尽可能让更多的商店经理和员工参加，让他们看到公司的全貌，做到心中有数。萨姆·沃尔顿在每次股东大会结束后，都和妻子邀请所有出席会议的员工约2500人到自己家中举办野餐会，在野餐会上与众多员工聊天，大家一起畅所欲言，讨论公司的现在和未来。通过这种场合，萨姆·沃尔顿可以了解到各个商店的经营情况，如果听到不好的消息，他会在随后的一两个星期内去视察一下。股东大会结束后，被邀请的员工和未参加会议的员工都会看到会议的录像，并且公司的报纸《沃尔玛世界》也刊登了关于股东会的详细报道，让每个人都有机会了解会议的真实情况。萨姆·沃尔顿说："我们希望这种会议能使我们团结得更紧密，使大家亲如一家，为共同的利益而奋斗。"

沃尔玛公司对待员工的方式显然收到了很好的效果，它直接的好处就是提高了公司的执行能力，在这一点上沃尔玛确实值得骄傲。

【狼性执行说】

企业的执行力不行，很多时候并不是员工的能力不行，而是每个员工没有在合适的岗位上。作为企业领导者，只有把员工放在合适的岗位上，合理利用每个员工的能力，整体的执行力才会得到提升。

头狼也要以身作则

头狼是我们的天命
也是我们效仿的对象
一条优秀的头狼
不仅会发出清楚的指令
而且还会主动执行命令
以身作则
跟着这样的头狼打拼天下
狼群才会焕发生机，才能变得强大
……

——【狼性宣言】

头狼是狼群的核心，也是狼群中每条狼效仿的对象。如果头狼具备强大的执行力，那么群狼的执行力也会很强；如果头狼的执行力不强，那么狼群的执行力也会下降。这就是为什么有的狼群，在换了一条头狼之后，情况会截然相反的原因所在。

其实，这个法则对于企业来说，也是适用的。

我们都知道，执行力是个动态循环，没有一个组织可以保证它的执行力永远保持最强，它要因环境不同、组织异动、流程变化和人员更换做适度的调整、探索与转型。惠普执行长卡莉·费奥莉娜被迫辞职，董事会对外声称，主要原因就在于"他们不只注重惠普的改进策略，更关切改进策略的'执行'"。

由此可见，领导者光有策略规划与创新是不够的，许多领导者醉心于策略的规划，不惜花费高额费用引进策略管理，但却不愿花费心力投入执行工作，察觉不到组织的成熟度与承受度，意识不到执行本身必须要包含在策略规划中，使得许多的好构想由于缺少组织执行的基础与训练使结果大打折扣。所以领导者要全心投入到组织的执行力中，没有执行力，再好的策略永远也不会变成组织的绩效。

让策略有效执行是领导者必备的能力，优秀的领导者，必定能从组织运作的系统中找出问题的症结，并且快速调整自我心态与脚步，主动响应及面对，他们知道，组织要有卓越的执行力，就必须注重团队的运作，即使个人能力再强，也无法承担组织的全部事务，唯有借助团队的力量才能获得卓越的执行力。吉利的CEO吉尔特斯便是深谙此道的成功领导人。

华尔街著名投资人，吉列的董事之一的沃伦·巴菲特是吉尔特斯职业生涯中的伯乐，巴菲特在与他长谈一次后，下决心推荐这个"谈业务决不会胡扯"的人为吉列公司的CEO。现在，慧眼识英才的巴菲特已放心离开了董事会，因为吉尔特斯在吉列任职两年来，不仅遏制住了公司连续14个季度没有达到预期目标的颓势，而且在经济低迷的状态下，去年收入还增长了5%，每股收益增长了18%。去年12月，《金钱》杂志还评选吉列为2003年7个最看好的股票之一。

无论过去还是现在的同事，在描述吉尔特斯的个性时，都会不约而同地用到"纪律性强"、"要求高"、"认真"等字眼。

"我从来没有那么卖命地工作过。"CVS公司CFO戴夫·瑞克德回忆起与吉尔特斯共事时的情形，"他会非常仔细检查每笔财务预算，不管是500万还是5000元的花费，他都同样关注每一分钱的去处。"

"与吉尔特斯没有悄悄话，所谈的都是生意。"与他处了10多年的朋友、Sears公司CEO艾伦·兰斯这样评价他。

但当吉尔特斯谈论30年前他差点被解雇的那件事时，他就变得有些生动，甚至有点动情了。

那年他只有23岁，在一家综合食品公司的加工厂负责订货。有一个星期，他忘了为一些食品定购硬纸箱。"公司打电话到我家，我

妈妈接的电话。"他回忆说，"妈妈告诉我，领班说用完了纸箱，马上要停产了。她还说，哎呀，他们要解雇你了。"

吉尔特斯当时非常害怕，他当晚就打电话到供应商的家里，请求提供一些纸箱，接着把纸箱装到卡车上，连夜送到公司。生产线又启动了，他也挽救了自己的工作。这个教训他从来都没有忘记。

"你必须有责任心，"吉尔特斯说，"人们总说，'管理层让我做的，'其实，我们都是管理层。"

在吉列上任的第一天，吉尔斯特与所有主管见面，他让主管们举手表决："你们多少人认为公司的成本太高？"每个人的手都举了起来。他接着再问："你们有多少人认为自己部门的成本太高？"但没有一个人举手。

吉尔特斯认为，这是处于困境中的公司经理人普遍的反应：大家都知道有问题，但都认为不是自己的问题。于是他就从这里下手——如果你想要保住工作，就必须解决自己的问题。

吉尔特斯对员工非常严格。"他从不会忘记你的许诺。"他以前的一个下属汤·考恩特说，"如果你告诉他3个星期后你会得到69.6%的市场份额，3个星期后，他就真会找到你说，'我想你已经获得了69.6%的市场份额'。"

在吉列，每个季度初，吉尔特斯都要求经理们写一份目标报告；每个星期都要用备忘录告诉他目标进展情况；每个季末，他会给每个人从1到100的评分。经理们的收入、升迁、工作都取决于他的分数，如果一直都低于80分，是不能被接受的。

在吉尔特斯到任吉列前，公司有2/3的产品市场份额都在缩减。曾经火爆的股票从1997年至2000年贬值了30%。公司的花费失去了控制，运营资本占销售的比率上升到36%，而竞争对手宝洁的这个数字只有1%。

在接管吉列6个星期后，吉尔特斯对公司进行了彻底的调查，他查阅了过去的年度报告、华尔街调查、行业评论，到数千里之外去见销售人员，参观商店、仓库、加工厂，还研究了广告和客户反馈。

在访问一个大客户时，客户告诉他总是等到季度末才进货，"因为我知道你们会有大的折扣。"吉尔特斯这才发现，销售人员为完成任务，不惜代价——打折、重新包装，怎样都行。但这对吉列来说预示着更大的问题：公司常确定一些不现实的目标，而为了达到目标，又作出了不明智的决定。而且，吉列没有实施财务原则，公司没有每日销售记录，直到季度末才累加起来。这样，不到季末，谁也不知道业绩好坏，但到那个时候，可能就迟了。

吉尔特斯明白，吉列首先需要的是纪律。在头6个月，他实施了打分系统、整理了财务报告系统。现在，每天早晨，他和高级经理都会拿到一个注明前一天每种产品销售量的详细报告。

为了培养财务纪律，他还推出了"管理费用零增长"策略，每个部门都要与行业竞争对手比较，发现差距后，由每个部门负责设法达到行业标准，不久，吉列的管理成本就下降了4%。

吉尔特斯还取消了吉列每个部门单独进行采购的习惯，将全公司联合起来采购，以便享受更大的优惠。迄今，联合采购已为公司节省了2亿美元。

吉尔特斯告诉华尔街，两位数的增长已成为历史。他认为增长将在3%到5%之间，不会多，也不会少。在他看来，现实的增长目标能促进做出明智的决定。由于中止了一些稀释企业利润率的做法，公司更有精力推出新产品和进行市场营销，最近筹集了5000万美元用于宣传Duracell产品。

当然，吉尔特斯的铁腕式管理对原吉列员工来说，接受起来有些困难。这个公司曾经像个仁慈的大家长，所有高级经理人都在企业工作10年以上。但吉尔特斯对不接受自己方式的人有一个简单的方法：促其离开。目前，14个直接向他汇报的高级经理，有10个都是新来的。而在"大清洗"中存活下来的经理们认为，吉尔特斯的做法虽然过于激烈，但却是公司所需要的。

从吉尔特斯身上我们能够看到一个极富执行效率的CEO的做事之道，也只有这样的领导者才能够带领公司走出困境，取得成功。

狼性执行——企业如何打造卓越执行力

当我们看过了这些成功企业的领导者在领导和管理方面的成功经验之后，再结合我们从白疤狼群了解到的一些情况，我们应该能够更进一步地了解到领导者在创建执行型企业时所承担的责任的重要性了。因此，在现实的工作中，一定要做一名执行型的领导，才能让企业逐步走向成功和辉煌。

【狼性执行说】

员工的目光永远都在领导的身上，领导做成什么样子，员工最清楚，也效仿得最像。对于企业领导来说，只有主动执行、以身作则，才能领导员工、提高执行力。从狼的身上我们可以知道，一个狼群的头狼是条懒惰之狼，那么这个狼群的前途必定叵测。

第六章
母狼执行力：贯彻和执行的有效保障

母狼在狼群中扮演着中层管理者的角色，也就是说一个狼群执行力的好坏，母狼的影响至关重要。那么，母狼在整个狼群当中起到什么作用？它的执行力对于整个狼群的执行力有什么影响呢？

（1）上传下达。在整个狼群中，母狼地位特殊。头狼有什么指示，除了自己用嗥叫声来发布之外，还可以通过母狼来发布。同样的，如果群狼有什么意见，除了直接和头狼交流之外，也可以通过母狼来传达。企业也是如此。一个优秀的企业，势必会有一群优秀的中层管理者。对中层管理者来说，他们上接老总，下连真正执行者，他们的优劣直接决定了整个团队执行力的强弱。

（2）安抚情绪。在整个狼群中，头狼和群狼常因为某种原因而产生矛盾，如果情绪不及时排解，将不利于狼群的生存。而头狼由于考虑到威严，不可能亲自和群狼交流，那么母狼就承担起了责任，安抚群狼的情绪。在企业里面，中层管理者也起着了这个作用。当老板和员工产生矛盾的时候，老板很难做到坦诚交流，而矛盾又不能不除，那么就由中层管理者出面，将问题解决，这样既保留了老板的面子，也解决了矛盾。

（3）教育下一代。在整个狼群中，教育小狼是母狼不可推卸的责任。在企业，培训员工一般都由中层管理者来做。特别是在一些店铺行业中，作为中层管理者的主管等对于普通员工的影响更大，对店铺企业稳定所起到的作用也更大。

依赖于"狼"的合力

一条狼的牙齿再锋利
也咬不断角马的脖子
一条狼的力量再强大
也扑不倒角马的身躯
只有依赖于群狼的合力
这一切才会变得顺利
伟大的母狼
正是明白了这一点
竭尽所能维护着狼群的稳定
……

——【狼性宣言】

一条狼的力量是有限的,一群狼的力量则是无穷的。母狼正是明白了这一点,所以它才会竭尽自己所能维护着整个狼群的稳定,只有依赖于群狼的力量,才能保卫自己的领地、才能捕获猎物,继续生存下去。

狼群是如此,企业亦是如此。只有依赖于全体员工的力量,企业才能获得生存和发展。而要想获得全体员工的支持,中层领导者的力量不可或缺。

索尼公司是世界上民用专业视听产品、通讯产品和信息技术等领域的先导之一,它在音乐、影视和计算机娱乐运营业务方面的成就也使其成为全球最大的综合娱乐公司之一。公司在截止到2002年3月31日结束的2001年度中的合并销售额达到570亿美元,全球雇员总数达到15万多人。面向在2005年即将真正到来的宽带网络时代,索尼公司一直致力于构建一个完善的硬件、内容服务及网络环境,使消费者可以随时随地享受到独具魅力的娱乐内容和服务。

索尼公司在开始时，便有了"索尼精神"的有关守则。而这种精神恰恰反应在中层领导的执行和控制能力上。

索尼精神首先强调索尼公司是开拓先锋，从不模仿他人，索尼的目标是为全球服务。索尼的宗旨是永远向未知的领域进军。虽然先锋的道路崎岖而艰苦，但是索尼人会不怕困难地团结在一起，因为参与创造发明是一种享受，贡献个人的聪明才智以达到预定的目标，更是一种光荣。索尼公司尊重并鼓励个人才智的发挥，主张人人因才施用，相信个人，发展综合或单项能力，将潜能发挥到极致，这就是索尼最伟大的合力。

这其实也就是索尼精神的核心内容，它强调了三个方面：一是甘当先锋，善当先锋，做别人没有做过的事情，永远在未知的领域率先开拓，并率先取得成功；二是团结协作，温暖和谐地相处；三是以"人"为本，任人唯才，充分发挥每个人的聪明才智，积极挖掘每个人的潜能内力，达到最大功效。

索尼公司就是牢牢抓住这三个方面，不断努力，从不偏移，才由一个小作坊发展壮大为世界级的"先锋霸主"。

而索尼精神的根本还是在于"人"。只有管理好"人"，利用好"人"，教育好"人"，培训好"人"，才可能团结一致，精诚合作，朝人所未至的未知领域开拓，并取得满意的成功。因为，"人"是最关键的，如果每一个"人"身上都能充分体现索尼这种独一无二的精神，那么索尼公司就是一只令世界竖起大拇指的"豚鼠"，反之会成为牺牲品或"炮灰"，"出师未捷乐先死"。

索尼公司的中层领导盛田昭夫曾多次强调，"人是一切活动之本"。他观察周围的日本企业或公司，像索尼公司这样重视"人"的管理的公司寥寥无几。有的企业，人事部门就是老爷，员工由他们随心所欲任意挑选，工作随意安排，把员工放在次要的位置随便支配，这对于企业的发展极其不利。

作为一个大企业的最高首脑，盛田昭夫也经常直接和员工接触，到各个下属单位了解具体情况，争取和较多的员工直接沟通。当公司的规

模越来越大,员工也越来越多时,盛田昭夫不可能每一个员工都接触得到,不过即便是这样,他也常常"窥豹一斑",通过少数的员工来推测众多的员工。

他要求所有的经理都必须离开办公室,到员工中间去,认识、了解每一位员工,倾听他们的意见,调整部门的工作,使员工生活在一个轻松、透明的工作环境中。

依赖于"人"的合力,先锋霸主索尼公司屡战屡胜,一步一个脚印,在高科技新产品的开发上,把同行对手一次又一次地甩在了后面。这都归结于对"人"的管理的成功。无论是领导人、经理人、技术开发、销售广告人、制造生产人等,都能自觉地挖掘最大潜力,尽自己最大的努力和同事一起拧成一根绳,将索尼公司一步步拉向更高的位置。

应该说,索尼公司这种充分尊重每一个人,积极用好每一个人,耐心引导每一个人,不断督促每一个人的做法,值得众多企业或公司引以为参考。

正因为有这么一支(越来越大的)齐心合力的队伍,有这么一批潜心钻研、不为金钱求事业的队伍;有这么一伙边学边干、边干边学、开拓他乡异国销售事业的队伍;有这么一群固守岗位、自觉负责、维护生产的队伍;盛田昭夫才敢于一次又一次地充当世界先锋,在无人之境留下索尼的脚印。在最新技术产品上再加高一层,在世界视听产品空白纸上再多添一笔。

了解索尼公司对于"人"的管理,就不难了解索尼公司为什么敢担风险、愿担风险,之后又会摆脱风险,化险为夷地把公司如雪球般越滚越大的原因了。而索尼公司这种对"人"的管理也正是体现在中层领导者的有效执行上,才使得上层领导所下发的指令得以贯彻和执行。

【狼性执行说】

　　一个人的力量总是有限的,只有将所有人的力量合在一起,企业的整体力量才会得到提升,执行力才会获得提升。一个聪明的企业领导者必然能意识到这一点,并且通过自己的中层领导来完成这一工作。

完成群狼的沟通

我们没有语言
嗥叫就是沟通的方式
母狼
常常发出长长的、凄婉的嗥叫之声
不是在想念远方的亲人
而是在尽到自己的责任
——让群狼理解头狼
也让头狼理解群狼
只有这样
狼群的捕猎成功率才会更高
……

——【狼性宣言】

群狼的沟通，不仅能消除狼和狼之间的误会，还能很好地提高狼群的执行力。当然，在狼群的沟通中，母狼的角色是必不可少的，它总是起到"中间人"的作用，尽量做到不偏不倚，给群狼提供一个公平、和谐的沟通空间和渠道。

对于企业来说，沟通就是一种武器，只有善于拿起沟通武器的企业，才能真正做到在商场上无往不胜。霍桑特尔公司就是这样一家公司。

霍桑特尔公司，是一家拥有23000余名员工的大公司，它早在10年前就认识到与员工进行意见沟通的重要性，并且不断地加以实践。现在，公司的员工意见沟通系统已经相当成熟和完善。特别是在全球经济不景气之时，这一系统对提高公司的劳动生产率发挥了巨大的作用。

公司的"员工意见沟通"系统是建立在这样一个基本原则之上的：

个人或机构一旦购买了霍桑特尔公司的股票，他就有权知道公司的完整财务资料，并得到有关资料的定期报告。公司的员工，也有权知道并得到这些财务资料，和一些更详尽的管理资料。霍桑特尔公司的员工意见沟通系统主要分为两个部分：一是每月举行的员工协调会议，二是每年举办的主管汇报和员工大会。

早在10年前，霍桑特尔公司就开始举行员工协调会议，员工协调会议是每月举行一次的公开讨论会。在会议中，管理人员和员工共聚一堂，商讨一些彼此关心的问题。无论是在公司的总部、各分部以及各基层组织，都会举行协调会议。这看起来似乎有些像法院结构，从地方到中央，逐层反映上去，也正是因为这样，公司总部的协调会议才能达到标准的双向意见沟通的目的。

在开会之前，员工可事先将建议或怨言反映给参加会议的员工代表，代表们将在协调会议上把意见转交给管理部门，管理部门也可以利用这个机会，同时将公司政策和计划讲解给代表们听，相互之间进行广泛的讨论。

要将霍桑特尔23000多名职工的意见充分沟通，就必须将协调会议分成若干层次。实际上，这类组织在公司内共有90多个。如果有问题在基层协调会议上不能解决，将逐级反映上去，直到有满意的答复为止。事关公司的总政策，那一定要在首席代表会议上才能决定。总部高级管理人员认为意见可行，就立即采取行动，认为意见不可行，也得把不可行的理由向大家解释。员工协调会议的开会时间没有硬性规定，一般都是一周前在布告牌上通知。为保证员工意见能迅速逐级反映上去，基层员工协调会议都是先举行。

同时，霍桑特尔公司也鼓励员工参与另一种形式的意见沟通。公司内到处都安装了许多意见箱，员工可以随时将自己的问题或意见投到意见箱里。

为配合这一计划的实行，公司还特别制定了一些奖励规定，凡是员工意见经采纳后，产生了显著效果的，公司将给予优厚的奖励。令人欣慰的是，公司从这些意见箱里获得了许多宝贵的建议。

如果员工对这种间接的意见沟通方式不满意，还可以直接面对面来和管理人员交换意见。

对员工来说，霍桑特尔公司主管汇报、员工大会的性质，和每年的股东财务报告、股东大会相类似。公司员工每人可以接到一份详细的公司年终报告。

这份主管汇报包括公司发展情况、财务报表分析、员工福利改善、公司面临的挑战以及对协调会议所提出的主要问题的解答等。公司各部门接到主管汇报后，就开始召开员工大会。

员工大会都是利用上班时间召开的，每次人数不超过200人，时间大约为3小时，大多在规模比较大的部门里召开，由总公司委派代表主持会议，各部门负责人参加。会议先由主席报告公司的财务状况和员工的薪金、福利、分红等与员工有切身关系的问题，然后便开始问答式的讨论。

这里有关个人问题是禁止提出的。员工大会不同于员工协调会议，提出来的问题一定要具有一般性、客观性，只要不是个人问题，总公司代表一律尽可能予以迅速解答。员工大会比较欢迎预先提出问题的这种方式，因为这样可以事先充分准备，不过大会也接受临时性的提议。霍桑特尔公司每年在总部要先后举行10余次的员工大会，在各部门要举行100多次员工大会。

在全球经济衰退期中，霍桑特尔公司的生产率每年平均以10%以上的速度递增。公司员工的缺勤率低于3%，流动率低于12%，在同行业内为最低。有效的沟通和强有力的执行正是霍桑特尔公司能够顺利度过难关，并取得长足发展的有利保障，而在这中间，中层领导同样发挥着不可或缺的作用。

【狼性执行说】

狼群是需要沟通的，员工也是如此。只有沟通好了，员工才会主动、积极地执行领导的命令。对企业执行力的提升来说，这是一个不可缺少的一环。狼群的沟通任务落在了母狼的身上，而企业的沟通任务则落在了中层领导者身上。企业领导者一定要充分发挥中层领导者的作用，使他们成为上下沟通的桥梁。

执行独特激励机制

伙伴兴奋的嗥叫

头狼的舔舐

母狼温柔的双眼

都让我们的全身充满力量

面对猎物

我毫不犹豫地冲上去

用尽全身的力量扑倒、撕咬

完全不顾猎物的硬蹄和硬角会刺伤我的肌肤

我的心中

只有一个目的——为激励而猎杀

……

——【狼性宣言】

任何一种动物都有惰性,包括狼在内。要想让狼群保持昂扬的斗志、饱满的捕猎精神,母狼在必要的时候要对狼群进行激励,这种激励往往是通过振奋人心的"嗥叫"、"额外分配食物"、"提升地位"来进行的。对于狼群来说,这是一种独特的激励机制。也正是因为这个机制,狼群的力量才会发挥到极致,执行力才会大大提升。

在这一点上,人类社会的企业就应该像狼群学习。例如,麦肯锡就是这样一家执行独特激励机制的企业。

历经七十余载的发展,麦肯锡公司已成为真正意义上的国际型管理咨询公司,在全球41个国家拥有80家分公司,近9000名员工。截至1999年底,公司六成以上业务在美国以外的国家和地区展开。

麦肯锡公司为企业总裁、部长、高级主管、大公司的管理委员会、非营利性机构以及政府高层领导就其关注的管理议题提供专业的咨询服务。

分布在世界各地的每家麦肯锡分公司都由资深的麦肯锡咨询董事Partner（即合伙人）和专业咨询顾问组成。他们在当地聘用、培养优秀的本地人才，使之能够逐步担当公司的业务重任。目前，这支全球合作与本地特色并举的麦肯锡团队拥有来自70多个国家的5200多名咨询顾问。他们均毕业于国际著名学府，绝大多数人同时拥有知名学院的工商管理硕士和博士学位。具有理工学和其他学科专长的人员比例亦正在增长。

麦肯锡公司属私人股份制有限责任公司，全部股权归近600名现任董事所有。这种由公司内部咨询人员升任董事并持有股权的组织形式确保了公司的决策不受外来股东利益的影响，亦不受母公司的左右。

麦肯锡无疑是咨询业效仿的典范。麦肯锡的成功在于拥有一支卓越的咨询队伍，咨询服务的最大价值在于使客户成功地提高经营绩效，而唯有聚集了杰出人才的优秀组织，才能真正做到这一点。这也是麦肯锡不惜重金招募人才的原因。

对于每一行业、每家企业而言，人才供求经常处于失衡状态，而对于依靠脑力工作的咨询业，具备知识与经验的人才无疑更是一笔巨大的财富。麦肯锡内部人员的选拔与培训，工作中业务人员金字塔形的组合，以及"导师制"的经验传授，麦肯锡的用人之道，为许多的企业提供了借鉴之处。

麦肯锡的人力资源管理制度十分独特，比如每年招聘人员的数额一般保持在20~30名左右。麦肯锡公司每年从美国著名的几所大学录取名列前茅的高才生，同时接受其他学校推荐的优秀学生。

麦肯锡的人员70%来自具有MBA学历的人选，30%来自具有高级专业职位（法学博士、医学博士等）的人选，除了挑选应聘人员的工作经历和商业背景外，主要看中的是他们解决问题的能力。麦肯锡对初选人员要经过六轮面试，面试中通过提出商业案例来考查其实际分析和解决问题的能力和素质。所以，一般局限于象牙塔中、没有实际经验的人获选机会不大。

一旦进入麦肯锡公司，人员的晋升与出局都有严格的规定：从一般分析员做起，经过2年左右考核合格升为高级咨询员，再经过2年左右考核升至资深项目经理。此后，通过业绩审核可升为董事。所以，一个勤奋、有业绩的人在6~7年里就可以做到麦肯锡董事，但是，在他每一个晋升的阶段，如果业绩考核并未达到要求，就要被OUT（离开麦肯锡）。

在晋升考核中不仅要看业绩，而且要看他对所在团队的引导，即他的能力能否得到同事的信任。因此，在麦肯锡，所有的员工获得同等公平的机会，但必须勤奋。每年麦肯锡的人员流动率达25%~30%，这个比率相对于其他企业来说是比较高的，但对于麦肯锡而言，处于合理的范围内。离开麦肯锡的人一般有两种情况：一种是机会非常好主动离开的，比如许多麦肯锡董事离开后会去一些大公司当经理，如美国运通、IBM，也有一些优秀人员离开后自己当了老板；另外一种则是被淘汰出局。

作为全球咨询公司，麦肯锡现在有600多位董事，即合伙人。毫无疑问，他们是麦肯锡最优秀的员工，也是麦肯锡的管理者和老板，但这并不意味他们具有终生在麦肯锡工作的保障。每年，麦肯锡从600多名合伙人中轮流选出十几位合伙人组成评审小组，对各位合伙人的业绩进行考查，如果未达到要求，同样要被请出局。不过，对合伙人的唯一优惠是考查期限稍长一些。所以，麦肯锡人员享有高薪待遇，但没有谁可以不努力工作。

麦肯锡没有固定的为企业提供解决方案的模式。企业管理规范模式本身就是错误的概念，任何一家企业都有不同的经营环境、组织结构、生产不同的产品及不同的客户需求。不可否认，在企业经营中有许多共同的经济规律可以遵循，但是，麦肯锡提供的企业问题解决方案完全是量体裁衣。当然，麦肯锡在世界各地的分公司形成了卓越的网络系统，每个分公司处理问题时都可以通过网络借鉴已有经验，少走弯路。所以他们解决问题的过程一般是：第一是在已有经验基础上认识需要解决的问题，第二是对问题提出最具针对性的解决方案并适用于客户。

公司非常注重内部人员的"金字塔"结构。麦肯锡每年之所以仅招聘20多个人，是要保证每一个项目上要有足够的资深员工来承担。对于新来的员工，招聘过程已经验证了他们具备基础素质，进入公司后，麦肯锡会进行基本培训，灌输公司基本理念与价值观，更重要的是，在实际工作中对新员工进行一对一训练。

比如，在每个项目小组中，一般有 2~3 人，不会全部是新的成员，项目经理是比较有经验的，在麦肯锡被称之为"灵魂"。他会把一些大的问题分解成多个小问题，分配至其他成员。同时，项目小组要与客户保持紧密合作，不能自己躲在象牙塔里解决问题。所以，新员工在有经验的领导的引导下，同时又能发挥出个人解决问题的能力，对于分配给他的工作都能做出杰出的成果。在解决他承担的问题的同时，也掌握了公司解决问题的方法。有一些新兴的咨询公司，由一个或几个非常聪明的人建立一套体系后，让其他人遵照执行，公司不再继续进行培训。麦肯锡与他们是不同的，麦肯锡的雇员在公司培训中容易得到飞快的成长。

麦肯锡的业务来自于业绩，公司为每一家企业提供最佳的战略发展规划，企业认为从麦肯锡得到的帮助"物有所值"。这使他们成为麦肯锡的长期客户，同时他们也会为麦肯锡带来新的客户。

因此，麦肯锡从不做广告宣传企业，麦肯锡的企业形象更多的是从为企业提供完美的服务中树立的。而实现这一切的根源在于公司对人力资源的重视，能够掌握众多精英的麦肯锡公司其独到的激励机制居功至委。

中层管理的重要性就在于有效地贯彻和执行上级的指令，就如同以上这些成功企业的案例一样，中层管理者在提升整体的执行力度上有着不可或缺的重要作用。因此，现今企业如果要提升执行力度，就必须像上述的那些公司一样去做。

【狼性执行说】

任何一个企业的任何一个员工，只要受到适当的激励，就会发掘出自己身上的潜力。原本执行不了的任务，也会尽量去完成、做到完美。由此可见，一个执行力强的企业，中层领导必定是一群善于激励员工的人。只有不断激励，员工才能不断提高自己的执行力，企业才能不断获得发展。

狼性执行
LANGXING ZHIXING

第七章
群狼执行力：员工决定一切

在短短的几年时间里，白疤狼群之所以有如此快速的发展，头狼和母狼自然功不可没，但真正的功劳还在群狼。因为，如果没有群狼的力量，头狼指挥得再好、母狼沟通得再有效，对于整个狼群来说，也是无济于事的。就拿捕猎来说，仅有头狼和母狼是无论如何也无法击败一头角马的，只有群狼合力，角马才能成为狼群的美餐。从这一点来说，群狼决定了一切。

狼群是如此，企业也是如此。无论上层的决策怎样正确，也不管中层的执行怎样有力度，如果团队中最基层的成员缺乏执行力，那么，这个团队同样是没有执行力的。一个企业之所以强大，不仅仅是因为高管的优秀、中层管理者的杰出，更重要的是，团队中的每一位都是杰出而优秀的执行人才，都能坚决贯彻执行上级的指示，并且能落到实处。因此，一个团队的执行力是由团队中最底层的成员所决定的。因为，团队基层成员才是真正的贯彻与执行者，才是将组织战略变为实际行动的操作者。那么，如何去提升位于团队成员的执行力，从而提高整个团队的执行力呢？

"群狼决定一切"，这是白疤狼群启示我们的，并且现今许多成功的企业也都是这样做的。我们知道，如何把工作落到实处，对于任何管理者来说都是一件特别难的事情。企业成败的关键就在于执行。在目前这种知识经济、体验经济的环境下，组织结构越来越扁平化，组织关注的焦点应转向基层人员。

选择真正具备执行力的狼

> 任何一场捕杀
> 头狼都会对群狼进行选择
> 最终决定让谁去，谁留下
> 选择的标准就是执行力
> 只有那些真正具备执行力的狼才能入选
> 对于头狼来说
> 执行力永远是选择的标准
> ……
>
> ——【狼性宣言】

我们经常说要把合适的人放在合适的岗位上。那么，什么是合适的人呢？白疤狼群告诉了我们这个答案。

在每次捕猎之前，头狼都会精心挑选狼群的某一部分狼参与猎杀，那么，它挑选的依据是什么呢？很简单：捕猎能力。只有那些真正具备捕猎能力的狼组成一个捕杀狼群，才能真正捕获猎物。在捕猎的时候，狼群不在乎多，但是在乎精。

这对企业来说，也是一样的。员工不在乎多，但在乎精。所谓精的员工就是执行力强的员工。在这点上，MSG公司做得比较到位，我们不妨学习一下。

总部位于美国的MSG跨国公司在自己的领域里做到了行业第三的位置，为股东带来了非常丰厚的回报；在过去的十年里，该公司的股票价格几乎上涨了25个百分点。

1997年，该公司出现了一次非常关键的人员选择问题。公司在欧洲的表现一直不能让人满意。每个国家的分公司都有自己的战略，而公司的欧洲战略又是这些战略的一种非常不成功的综合。由于没有能力实现欧洲各国分公司之间的联合，公司当时主管欧洲事务的 CEO 已经到了要退休的地步。

显然，在这种情况下，欧洲最需要的是一位能够制定出一种广泛并且有效的欧洲战略并有力地将其付诸实施的领导者。而且对于这位领导者来说，如果能在欧洲取得成功的话，他就将成为下届公司总裁的最佳人选。所以公司对未来的这位欧洲事务领导者的要求非常明确：他或她必须从深度和广度上对自己的行业有着足够的了解，而且必须能够随时感觉到外部环境的变化，并及时进行相应的战略调整以适应这些变化；他或她还必须能够迅速而深入地建立一个新的管理团队，并立刻制定出一份行之有效的战略。

从传统的角度来说，适合这个工作岗位的人选应当来自美国或者欧洲。根据当时的现实情况，公司内部的人才储备库中并没有人能够满足所有的这些条件。但随着讨论的不断深入，一位来自发展中国家的分公司领导者杰克·帕斯开始进入到人们的视线：他目前担任公司该国分公司的总经理，并在以往三年的工作中取得了出乎意料的业绩，尤其是在推动员工执行方面更是颇有心得。在很多公司里，人们根本不会考虑到这个人——他们宁愿到公司外面聘请其他候选人。但经过仔细考虑之后，MSG 公司领导层还是决定让他来主管公司在欧洲的业务发展。结果表明，他在新的工作岗位上也取得了巨大的成功，而且到 2002 年的时候，他已经成为公司总裁的一个强有力的候选人。

MSG 公司的高层始终对新的候选人的选择有着自己的标准，不论出身、地位如何，他必须是执行方面的好手。正是在这样的标准下，杰克·帕斯进入了公司高层的视野，并最终获得了那个万人期待的位置。

【狼性执行说】

选择员工,不仅仅要考究对方的能力,而且还要考察对方是不是具备执行力。只有那些真正能够不折不扣执行领导命令的员工,才能把他们放在重要的岗位上,否则不仅会误事,而且还会拖累整个企业,引起执行力缺失的恶性循环。

选择合适的狼做合适的事

狼群中每条狼都各有特色
有的牙齿尖锐
有的善于腾空而起
有的善于瞄准
有的善于奔袭
……
头狼对此了如指掌
所以,它总是能选择合适的狼做合适的事情
把团队合作的威力发挥到最大
……

——【狼性宣言】

每一次捕猎,不同的狼有着不同的任务。有的是埋伏、有的是围捕、有的负责猎杀、有的负责扑倒……毫无疑问,不同的职责需要不同的狼去完成。那么,如何选择这些狼呢?有一个标准:让合适的狼去做合适的事。比如,某条狼适合埋伏,那么,就让这条狼去埋伏;同样的道理,如果这条狼比较凶猛,适合猎杀的,那么,就让这条狼去猎杀……只要把每条狼放在合适的位置,这条狼的执行力才能真正发挥出来。

其实，企业领导者安排员工的时候也是如此：将合适的人放在合适的岗位上，做合适的事情。

Baxter是一家全球性的保健公司，主要的业务是为那些在危险条件下工作的人们提供保健产品和服务。该公司的目标是在今后10年时间内，通过扩大公司在生物、制药、医疗设备、信息和服务方面的生产使公司的营业额收入增加一倍，由现在的70亿美元增加到140亿美元。人才选拔在实施这项战略的过程中起到了非常关键的作用。CEO哈里·杰森·克雷莫利用20世纪90年代后半期（当时他还在担任公司的CFO）的时间来对公司进行结构重组——把那些营业收入增长缓慢的部门出售，同时把各项资金筹措到位。当他于1999年被任命为公司CEO的时候，他把人员流程作为自己的三大工作重点之一（另外两个分别是：客户和病人，以及为投资者提供丰厚的回报）。克雷莫和他的执行管理团队（EMT：Executive Management Team）在人员选拔和培养方面投入了大量精力，整个公司的战略、运营和人员流程被紧密地连接到一起。

Baxter的增长规划人员、执行人员和人力资源部门人员紧密协作，列出了公司在今后几年时间内实现预定目标所必需的主要技能。比如说，公司人力资源部门高级副总裁塔克这样说过，"通过2001年的战略增长规划工作，我们列出了把战略性临床营销、管理事物中的专门知识和赔偿问题作为公司需要强化的三大要素。随后我们建立了一些团队来详细总结出公司所需要的主要技能、我们目前所拥有的资源，以及我们今后需要采取的主要工作步骤。"

担任团队指挥的是一些执行人员：Bsxter的质量组织部门主管负责领导赔偿工作，一名营销副总裁负责指挥营销工作，而管理问题工作小组则由管理事务部门主管领导。在这个过程中，执行官们也在领导跨部门、跨地区工作小组方面获得了宝贵的经验。

确定今后需要采取的主要工作步骤是Baxter的战略流程中的一个重要环节。在每年一度的工作评估（为期半天）当中，公司执行人员、人力资源部门副总裁、克雷莫和塔克列出了各业务部门和地区的一些主要工作岗位的需求，并采取相应的措施确保公司选派适当的人员来填充这

些工作岗位。但这次评估只是整个流程的一部分，在很多重要的问题上，克雷莫和塔克也经常以一种非正式的方式与公司各部门领导以及他们的人力资源部门领导交换意见。

"高层领导点名板"既为公司大约325名副总裁位置选拔适当的候选人，同时充分显示了Baxter的新人员流程的潜力。"它帮助我们扭转了整个公司的文化，"塔克说。每个星期四，塔克都会给公司的150名高层领导发去一封语音邮件，告诉他们哪些岗位上出现空缺，哪些副总裁位置现在无人应聘，以及哪些岗位刚刚选拔了一位候选人。他会详细列出那些空缺岗位的工作要求，以便其他领导能够推荐一些适当的人选担任此职。（当然，如果愿意的话，他们也可以毛遂自荐。）

公司人力资源部门的高级执行官们会在每周一的电话会议上对被推荐的候选人进行讨论，然后拟出一份初始名单。"刚开始的时候，我们可能有15个候选人，"塔克说。"然后我们会对这些候选人进行详细地筛选，一步步减少名单上的数字，直到选拔出最适合的人。在举行这些会议的时候，我们必须站在整个公司的角度上来做出判断。比如说，有人会说，'不错，我们也认为史蒂夫是个非常合适的人选，但他的经理不希望我们把他调走，因为他当前的工作岗位非常需要他。'这时我们就会说，'不错，但为了公司的整体利益着想，我们还是要把他调过来。'"

就这样，人员的筛选可能要持续两三天，相关人员必须在进行推荐之前收集足够的信息和评估反馈。然后塔克将在下一次的EMT会议上公布最后的名单。

"这个流程大大加快了名单的筛选速度，"塔克说，"在1999年开始实施该流程之前，我们寻找一个副总裁职位候选人的平均时间为16周。现在，我们把这一时限缩短到了七天，而且候选人的质量和数量也得到了大大的提高。平均算来，我们每个职位都有五个候选人。"

"它在其他方面也给我们带来了很大帮助。执行管理团队对公司的150名到300名最高层管理人员有了更多的了解，因为他们曾经亲自对这些人进行过考评，而且它也使公司领导层之间的沟通更加顺畅频繁。我所发送的那些语音邮件被散发到整个公司。在我进行商务旅行或者是走进一家工厂或办公室，并进行自我介绍的时候，有人会说，'哦，我知道了，你就是那个发送语音邮件的人。'从这个角度上来说，它帮助我建立了一种更加开放的交流风格。"

【狼性执行说】

每个员工的能力都不一样，有的擅长交际、有的擅长幕后……作为领导者，应该像头狼一样，准确了解企业中员工的能力和特长，并且准确分配任务，将员工的能力发挥到极致。这就要求领导者要善于放下架子，不时地去车间、办公室转转，了解员工工作情况。

第Ⅲ篇 打造"狼队"，构建高素质的执行团队

白疤狼群之所以发展得如此快，除了有白疤狼的领导外，还在于这个狼群拥有其他狼群所没有的优秀狼队。白疤狼群中的9条成年狼都是优秀成员，任何一条都可以参加捕杀团队，实施完美的捕杀任务。也正因为如此，这个狼群的捕杀执行力总是很高。

这说明：一个狼群要想提高执行力，关键要打造一个高效执行的"狼队"。反映在企业经营上，要想提高企业的执行力，就必须打造企业的高效执行"团队"。知识经济时代，很多企业的规模越来越大，但执行效率却越来越低。为了提高执行力，组织变革是必要的，而变革重在赋予每个人机会，让他们充分发挥出自身潜力。越来越多的企业认识到，答案就在"团队"上。

狼性执行
LANGXING ZHIXING

第八章
打造超级"狼军"

　　企业是一个执行的团队。企业的团队水平主要体现在团队的竞争力，这个团队的执行力分解到个人就是执行。什么叫好的执行呢？简而言之，即"全心全意、立即行动"。不能做到这一点，就不可能有好的执行，团队就不可能有好的执行力，就不是好的团队。每一个员工的执行力，决定着企业团队执行的好坏，决定着企业团队是否是一个实践目标有效的团队。

　　在短短的几年时间里，白疤狼群从最初的小狼群发展到现在的大狼群，靠的就是它的"狼军"，无论是捕猎还是抢占地盘，"狼军"功不可没。白疤狼群的"狼军"不仅具备钢铁一般的纪律，而且具备坚强、无坚不摧的特性，在干旱的非洲大草原上所向无敌。

　　可以说在当今竞争激烈的商场环境中，在更为注重团队之间合作、注重执行的年代，每一个企业都希望自己能够组建像白疤狼群一样，战无不胜，具有超强的执行和竞争力的团队。在今天，在激烈的竞争不亚于战场的商海中，任何一个企业要想获得更好的生存与发展，就必须拥有像白疤狼群一样的团队，因为如今是一个依靠团队制胜的时代，一个人的能力再强，再优秀，同样很难取得成功。

　　现在，我们抛开白疤狼群来看看一些在现今的商海中获得成功的企业，来看看他们之所以能获得成功的秘密，来看看团队的力量。

狼性执行——企业如何打造卓越执行力

"狼军"必不可少

> 狼族军团
> 嗥一声,地动山摇
> 猎物胆战心惊
> 在干旱的草原上
> 离开了军团
> 出路只有一条——被淘汰
> 这就是狼族的命
> ……
>
> ——【狼性宣言】

非洲大草原,并不是一个适合单打独斗的场所。正如被白疤狼群所驱逐出去的那条狼一样,一旦失去了狼群的庇护,就会在短时间内被淘汰。所以,对于白疤狼来说,整个狼群是必不可少的。一旦失去了这个狼群,白疤狼所占有的地盘不仅会失去,而且它自己也会被自然界所淘汰。

那么,对于企业来说也是如此,在如今商场如战场的时代,老板唯有组建自己的团队,才能在商场上具备自己的竞争力。也就是说,企业要想获得发展,"狼军"必不可少。失去了"狼军"的执行团队,企业终将要走向灭亡。

杜克是一家市值高达490亿美元(截止到2000年底)的多种能源制造商、运输商和经营商。由于20世纪90年代末政府实行了放松管制政策,杜克公司传统的商业模式开始过时,从而迫使它不得不制定新的战略发展方向。在新的发展战略当中,杜克公司决定将公司业务由原来的能源制造和销售扩展到新的更大的范围之内,具体来说,新的业务范围将包括：实物资产（如能源工厂和输送管道）的加工，天然气和电力的买卖，以及风险管理等金融业务。

为了实现该战略目标，公司需要改变原来的人才结构。根据罗尔夫的说法，"1998年的时候，我们的总裁里克·普里奥要求我们在全公司范围内进行一次评估，结果表明，我们并没有执行新战略所需要的人才储备。毕竟，我们已经无法维持以前的垄断地位了，而且新战略对公司的人才结构提出了新的要求。根据新的战略，我们不仅需要运营方面的人才，还要招揽大批金融、商贸、风险管理和市场营销方面的精英。"

1999年，杜克公司开始构建一个新的人员流程。"在构建新流程的过程中，我们遇到的第一个问题就是，新流程应该是什么样子的？"罗尔夫说道，"我们花了很长时间来定义新流程的功能。首先我们与一个小组的执行人员讨论应该如何建立一个评估框架。接着我们对公司的500名高级执行人员进行了效能测试，并最终得出了这些功能之间的关联性，基本上和一家曾为我们提供过咨询服务的公司所预测的一样高——也就是说，这些功能将直接影响到新的商业模式的成效。所以我们把该人员培养及评估模式称为'杜克的成功执行官'。"

杜克公司的团队最终列出四种基本的技能：功能性技能，商业技能，管理技能和领导技能。比如说，罗尔夫（在进入人力资源管理部门之前，他是一名工程师）认为，"假设杜克正考虑聘请我担任公司的人力资源部门执行官，我必须拥有人力资源管理的背景——知道什么是ERISA，了解任命、培训、薪酬等方面的东西，这些都是功能性的技能。我还要掌握一定的商业技能，了解杜克的商业模式以及它的盈利方式。第三，我必须拥有一定的管理技能。在杜克，管理技能是一项非常重要的标准，因为商业模式的运营在很大程度上就意味着管理、规划、组织、指挥和控制。最后，我必须掌握一定的领导技能，因为杜克会问，'克里斯是否具备足够的领导技能来领导公司人力资源管理部门的工作？'"

"然后我们用了大约一年的时间根据这四条标准对公司员工进行评估。最终我们成功地在整个公司范围内把评价人们的方式统一起来。

由于杜克在很大程度上属于分散型组织，罗尔夫只将人力资源流程中的三个环节集中起来——对大约200名高层领导的奖励、内部收益以及一个全球范围内的以网络为基础的人力资源数据系统。"我们的目标是建立一种严密性，但由于我们采用了不同的管理模式，所以公司只能采用一种不够系统、也不十分标准的方式来完成这项工作。对于建立严密性来说，数据系统是至关重要的，因此我们在上面投入了大量的时间和资金。很少有公司能在整个企业内建立一个统一的系统，尤其是那些经过一系列兼并和收购演变而成的企业。但当我与一些像通用电气这样的公司的领导者交谈时，他们却告诉我，'无论如何，你最好解决好这个问题，因为对于一名领导者来说，最基本的一个问题就是，谁在这里工作？如果没有一个统一的全球系统的话，你根本不可能回答这个问题。'"

统一系统所带来的一个好处体现在继承规划方面。"我们正在建立一个执行CV的全球数据库。它应该直接连接到我们的薪水册、资产表和安全系统，只有这样，我们才能为所有的高级执行人员提供棒球卡——一张规格为（11×8.5）厘米，带有照片、个人信息和评估信息的卡片。在具备了这些条件之后，我们就可以随时抽调出一个人的详细资料，其中包括他的姓名、学位、职业兴趣、发展计划、社会关系、别人对他的评估等等。"

"所以无论在全球任何一个地方，我们都采用一个统一的系统进行管理，大家使用统一的数据库，从而大大降低了不同部门不同地区之间人们交流的障碍，正是从这个意义上，我把这一举措称为'建造巴别塔'（圣经典故）。起初人类只有一种语言，大家合力建造高入云霄的巴别塔。上帝感到恐慌，于是搅乱人们的语言，使他们无法彼此沟通，人们也就停止了造塔的工程。（编者注：大家可以在一个平台上实现沟通。）"

该系统的硬件是人员流程的基础部分。关键的软件部分——"实弹"——存在于组织内部的对话和按照同一标准进行观测（最终相关人员将根据观测的结果进行人员评估）的流程当中。

杜克能源公司的主要社会运营机制就是普里奥的政策委员会，其成员主要包括普里奥本人，三个主要业务部门的总裁，以及四个主要职能部门的主管——法律、财务、行政和风险管理。该小组每两周举行一次为期一天的会议，每年就人才培养问题举行三四次专门的会议。但大多数工作都是在两周一次的会议上完成的。

"所有的问题都能够得到非常及时的解决，"罗尔夫说，"我们每天都会对这些计划进行更新。而且由于采用了统一系统，我们对计划所进行的更新随时都会被传达到整个公司。"

"杜克的学院式管理风格还包括让委员会成员互相监督。无论权位高低，每个人的观点都非常重要。大家可以相互争论，直到问题得到彻底解决为止。而且通常情况下，无论我们所讨论的问题是关于哪一领域的——一次并购、一次拆分，还是一次商务决策，总是会有一两个人能够作出非常符合实际的判断。"

执行团队使得杜克能源公司的系统得以流畅的运转。罗尔夫列举了四项要素："第一，一个为实现较高业绩水平而不断努力的企业文化，这样你就会不断督促组织中的每个人做出最佳表现。第二，一位不仅愿意，而且随时准备对一项评估提出质疑的领导者。第三，企业最高执行官的学院式文化，大家互相监督，实事求是，每个人都可以反对别人的意见，即使主席的意见也可以遭到质疑。第四，组织能够赋予人力资源主管（也就是我）足够的权限，因为由于工作的关系，人力资源主管看问题的角度总是与其他人不同。这就是执行团队的作用。"

【狼性执行说】

一个狼群要想获得生存权，就必须依靠狼军的力量。一个企业要想提高执行力、获得发展权，就必须依靠全体员工的力量。员工团队是企业的有机分子，也是提高执行力的具体操作者。光喊口号，而不对员工进行培训，这样的组织是绝对达不到提高执行力效果的。

重组"狼军",走向强大

狼军不是乌合之众
而是一种力量的组合
一种智慧的重组
只有选择那些真正强大的狼
才能让狼军发挥自己的威力
狼族才能所向无敌
……

——【狼性宣言】

白疤狼群之所以有这样一支强大的"狼军",并不是从一开始就具备的。在白疤狼群还只是一个小狼群的时候,白疤狼对"狼军"成员的要求并没有什么要求,只要是成年狼即可,可是随着狼群的发展,它发现,有些成年狼并不适合在"狼军"之中担当要职,比如说有的成年狼年纪已经不小,在捕猎的时候,体力明显不支、速度明显不如以前了,在经过一番权衡之后,白疤狼决定重组"狼军",从狼群中挑选那些刚刚成年的、体力、速度都能符合要求的狼,并且在适当的时候,对这些年轻的狼进行了必要的"培训",让它们更加适合捕猎的要求。

就这样,重组之后的"狼军"果然发挥出了前所未有的威力,白疤狼群也因此获得了前所未有的发展。

其实在企业界,和白疤狼群一样,因为重新组建团队而提升团队执行力的企业并不少,闻名世界的 GE 公司就是其中之一。

GE 的"数一数二"战略,我们已经非常清楚了,其实之所以它能够实现这样一个看似狂妄的战略,最重要的一点就是 GE 拥有"数一数二"

的执行力，它的内部有着非常完善的执行组织框架。

在对执行组织框架进行解释的时候，GE 前总裁杰克·韦尔奇曾有一个比喻："企业的组织就像是一幢房子，当一个组织变大时，房子中的墙和门就越多，这些墙和门就阻碍了部门间的沟通和协调。而为了加强沟通和协调，你必须把这些墙和门拆除。"这就是执行组织框架的全部意义。

经常会有人问起："为什么 GE 的电子商务起步比别人晚，却取得了比别人更大的成功？""为什么摩托罗拉发明了 6Sigma 而 GE 却做得比谁都出色？"

其实我们都知道，世界上任何一个成功的企业都有自己明确的战略。GE 也不例外，GE 就是以四大战略——全球化战略、服务战略、六西格码质量要求和电子商务战略来获得 20 年高速增长的。GE 以一年为一个循环，以一季度为一个小单元的"业务管理系统"，到 2001 年 GE 的全球化战略已经在这个运营系统中执行了 15 圈，利润从全球化运营不到 10%上升到 40% 以上；六西格码战略是第五圈，创造的利润近 20 亿美元；服务战略是第六圈，使 GE70% 的收入来自于服务；而电子商务是第三圈，通过电子商务的交易额已达 70 亿美元，节约运营成本 50%。GE 的发展历程为我们做出了最好的诠释：一个公司真正能够持续发展的优势在于其战略背后的执行能力。

没错，"执行力"无疑是最主要的因素。正是执行力使 GE 的团队无论是在思想上，还是在行动上都始终保持着一致，并且向着统一的目标不断前进。在这其中，执行的组织框架起着非常重要的作用。

现代企业的运行不仅仅依赖于部门团队内部的沟通和协调，更要依靠跨部门的沟通和协调。事实上每个行业、每个企业都有自己的特点，关键不在于采取什么样的组织架构，而在于部门之间的协调能力，这就要依靠企业的执行流程来保证。

企业的执行流程包括：战略流程、人员流程和运营流程。其中，人员流程才是企业执行流程的关键。几乎所有的企业都已经认识到了"人才"是他们最宝贵的财富。但真正从制度和执行上重视人的因素的企业却寥寥可数。GE 便是其中的佼佼者。杰克·韦尔奇就把自己

工作的一大部分视为人事开发,"我们造就了不起的人,然后,由他们造就了不起的产品和服务"。这就是为什么他工作的一半时间是花在同员工进行沟通上的原因。GE 的人员流程不仅能保证它为今天的战略实施找到适合的人才,同时也为其长期的战略发展储备了足够的未来人才。

　　此外,GE 人员流程的另外一个重要作用就是及时发现那些绩效差的员工,并区分出哪些人应该离开公司,哪些人应该调换岗位,并为他们制订技能培训计划。在 GE,有着这样一条"活力曲线"的标准:一、有很强的精力(Energy);二、能够激励(Energize)别人实现共同的目标;三、有决断力(Edge),能够对是与非的问题作出坚决的答案和处理;四、坚持不懈地进行实施(Execute)。通过这条"活力曲线",GE 很好地把员工进行了区分。

　　世界上有很多的企业在学习 GE,他们在寻找 GE 的成功因素,并且自认为已经找到了很多。但是有一点它们始终忽略了,那就是 GE 拥有一个非常完善、高效的执行工具。

　　执行工具可以确保执行团队找出企业的问题,特别是一些跨部门的问题,并且赋予执行团队切实有效的方法来找到解决问题的答案。同时,更最重要的是,这些工具保证了这个过程中团队的成员能够在毫无障碍的情况下进行交流和沟通。

　　在 GE,人们建立起了一些非常高效的执行工具。如,QMI(快速市场信息),主要用于检测计划实施进度和让企业各部门分享其他部门信息的工具;Work-out(群策群力),是 GE 内注重变革、去除官僚、解决跨部门和跨地区问题的工具;6Sigma(六西格玛),则作为 GE 的重要管理语言,从客户的需求出发、提升生产力、提高产品质量、降低成本的工具。这些执行工具在 GE 的企业执行文化建立的过程中和解决跨部门、跨地区和跨事业部的问题时起到了至关重要的作用。

　　每个人都承认,GE 是最具执行文化的公司,在 GE 工作的员工最深刻的感受是,当开始某个项目后,特别是那些跨部门的项目,员工的流程和使用的执行工具就不停地推动着他们前进。有效的实施体系和开放的沟通平台让 GE 成为世界上执行力最强的企业。

【狼性执行说】

正如一条狼不可能永远具有战斗力一样,一个员工、一个团队也有"疲软"的一天。这个时侯,企业领导者要果断地下达"重组"的命令,把那些不再适合工作的员工调离工作岗位,这样才能让执行力获得提升。

控制"狼军",获得胜利

头狼的胜利
就是狼军的胜利
是头狼
带领着狼军
一次又一次地对猎物
发起猛烈的攻击
是头狼
牢牢地将狼军控制在手里
听令执行
狼军才有机会获得生存
……

——【狼性宣言】

狼群的力量再强大,也需要一条同样强大的头狼来领导,只有头狼能够真正控制狼群,"狼军"的执行力才能发挥出来。企业也一样,团队的力量再大,如果领导者控制不了这个团队,那么这个团队的执行力也不会有多大。只有当领导者真正控制了这个团队之后,团队的执行力才能获得最大程度的发挥。

狼性执行——企业如何打造卓越执行力

百事可乐公司创始于1898年,是世界上最成功的消费品公司之一。时至今日,百事可乐也已成为了让消费者熟悉、关注并热衷的品牌。它在市场上取得的这些令人斐然瞩目的业绩,不仅依赖于其品牌运作与传播策略的系统性、规范性和有效性,最主要的还是取决于公司依靠执行牢牢地掌控零售终端所产生的巨大成果。

公司的这种执行态度被称为"销售执行",它是百事可乐公司的销售队伍所运用的一种系统培训教程,是执行销售、产品生动化、服务业务以及其他有关工作的一种系统的方法。公司依靠一线员工强大的执行力确保产品生动化和销售努力的一贯性和有效性,加强巩固公司的零售客户。这样的执行所能到达的程度能够确保百事系列产品按照百事模式的生动化标准进行市场显现,从而使销售业务代表的工作持续而有效。此外,由于执行是在直销体系与预售制模式下进行指导业务代表工作的范本,所以对加强巩固零售客户、提升客户关系将起到强有力的推动作用。百事可乐正是通过推销人员的卓越销售执行,从而使百事产品获得在市场上极具竞争力的一席之地。

百事公司所推行的执行范畴主要包括销售业务代表的角色、产品生动化以及百事模式的销售等几个方面的内容。

业务代表是销售执行中的重要组成部分,因为他们奋斗在销售第一线,所以销售执行对他们的工作职责进行了全面的描绘。销售业务代表的主要责任就是销售,而百事公司对销售的要求是:开拓与零售商的业务机会,以产生递增的销售量。因为百事公司认为:只有产生递增的销售量才是真正的销售,若销售量没有递增则不称其为销售。譬如,一家客户在业务代表第一周的拜访中订货10箱,那么在第二周的拜访中就应该要多于10箱,如果要少于10箱或还是10箱的话就不称其为百事公司的销售。使产品生动化是销售业务代表的第二个职责,为了履行产品生动化的责任,销售业务代表必须做到确保百事产品陈列在最佳位置;保持和增加所有百事产品的货架空间;按"百事模式"的产品生动化标准陈列百事产品;充分利用零售点给予百事产品陈列的空间;使用售点广告(如货架说明牌、海报、瓶颈标志)来刺激产品销售;在百事产品上标明价格,特别在所有促销性陈列的产品上,并且做好产品的清洁与轮转；使产品生动化并供销所有的次要陈列品和冷水柜的存货，以便出售更多的快销产品。

此外，销售业务代表还必须提供客户需要的支持性服务，比如：按客户卡上安排的日程访销每个客户；与每位客户创造、发展并保持良好的客户关系；履行自己对客户所做的所有业务上的和私人性的承诺；经常征询所有客户的需要和问题，并为之全力提供服务和迅速解决问题。

公司希望每一位销售业务代表都能理解到，他不仅是公司任务的执行者，同时还是自己销售线路上的管理者。所以全面而有效地执行所有任务将有助于报告销售管理部门，以便其迅速的作出决策。

百事公司之所以把销售人员的执行作用规定得如此明确，是因为它对销售有着自己独特的理解，并且确信这将是最终获得竞争优势的关键。它首先明确了哪些行为不属于销售，即接受现有客户补充订货的行为不是销售。因为百事公司认为：通过补充存货而维持原来水平的业务量仅仅是一种为零售商的服务，并不能帮助销售业务代表提高业务量。而销售应该是：通过开拓与发展同客户间的良好业务关系，从而产生不断递增销售业绩的行为。百事公司正是因为具备了如此优秀的执行队伍，才会取得了令人艳羡的成绩。

【狼性执行说】

无论是狼军还是团队，就像一台机车，力量是无限大的。但是这种力量只有在领导者控制了这个团队之后才能发挥出来。即，企业领导者只有真正控制了执行队伍，企业的执行力才能获得提升。

狼性执行
LANGXING ZHIXING

第九章
优秀头狼的执行纲领

一个优秀的狼群并不是凭空而生的，即使这个狼群中的每条狼都十分优秀，如果没有一条优秀的头狼，这个狼群的执行力也不会很强，更不可能具备独特的竞争力。一个狼群，到底是一个优秀的狼群，还是一群乌合之狼，不仅仅要看狼群中的每条狼，而且还要看它的头狼是否优秀。

同样地，一个优秀的团队并非是凭空而生的，即使是这个团队中的每个成员都十分优异，但若是缺乏一个好的领导者，团队执行力同样不会强到哪里去，更不可能有什么竞争优势。这个团队无非是徒有虚名，是一群人聚在一起而已。

那么，什么样的领导者才称得上是一个好领导呢？每一个企业对这个问题的答案都应该非常清楚，简言之，就是要做到"1+1>2"。而怎样才能做到这一点呢？那就需要全体成员有一个共同的目标，让大家都能发挥出自身的最大潜力，并且做到扬长避短、优势互补。正是因为如此，才决定了团队需要一个优秀的领导者，同样也决定了这个团队的领导者所肩负的责任和使命。也就是说，在建设和统率团队的时候，领导者自己首先就应该是一个执行型的帅才，并且能够采取有效的方法去引领团队中的成员，让每一个团队成员发挥出自身最大的潜能，并且能够互相协作将事情做好。

以身作则，执行从头狼开始

> 头狼是狼群的领路人
> 更是狼性执行的带头狼
> 头狼在执行猎物时
> 总是以身作则
> 狼群的执行力
> 从头狼开始
> 就能把工作执行彻底
> ……
>
> ——【狼性宣言】

世界上最有执行力的两大群体，第一个是狼群，第二个就是军队。在《亮剑》这部电视剧中曾经有这样一个镜头，就是孔杰的独立团在被日军的特种小分队偷袭后，部队首长命令李云龙去任独立团的团长，李云龙在就任团长时，对战士们讲：我们独立团就是野狼团，我们不论面对什么样的敌人，都要执行彻底。李云龙在执行力上总是以身作则，就像狼群中的头狼。

头狼不论面对任何猎物，总是跑在狼群的前面，领导狼群去捕杀所有的猎物。现在企业要提高的执行力，企业的领导并非只是注重怎样去提高企业员工的执行力就够了，他们同样注重自我执行力的修炼，因为一个没有超强执行力的领导者不可能会拥有一个超强能力的组织。

企业的行为在很大程度上受领导者行为的影响，因为员工往往会以领导者的行为风格为榜样。雷厉风行的领导者，其下属的作事风格也是快速和高效率的。注重实际的领导者，其下属的行为方式也是沉稳老练的。要想让员工注重具体工作，具备有效执行的行为风格，领导者就必须全身心地投入到公司的日常运营中去，对关键的细节给予足够的关注和重视。

很多领导者可能会立刻反驳道："那不是让我进行微观管理了吗？我的管理风格是充分地授权。而不是对他们哪怕最细小的工作指手画脚。"

在听到自己必须全身心地投入到公司的日常运营中、在执行的问题上必须亲历亲为的时候，领导者们就会大皱眉头，然后愤愤不平地说："那是一种早已过时的、落后的管理方式，它会把我的企业推向死亡的深渊。"

在许多管理者看来，关注具体问题就是进行微观管理，而一名合格的领导者是不应对自己的企业进行微观管理的。因为这会降低员工的主动性，损害他们的自尊心，阻碍他们个人能力的发挥和成长，总之对企业有百害而无一利。的确如此，微观管理确实害处多多，但实际上，关注具体问题并不等于微观管理，相反，领导者还能通过对一些非常关键的细节性工作进行观察，从而发现隐藏在企业内部的大问题。

在一本书中记录了这样一个故事：著名的管理顾问斯蒂芬·柯维曾指导了一位公司资产额达60亿美元的董事长。一天，当他和这位董事长走出办公楼的时候发现一名保洁员正拿着耙子打扫落叶，而他所用的耙子只有5根耙爪——本来应该有31根。

董事长停下来问他："请问你在做什么？"

"我正在打扫树叶。"

"你为什么使用这支耙子？用它能扫起多少叶子呢？"

"因为他们只拿了这支给我用。"

"你为什么不去找一支好一点的用呢？"

当他走远后，董事长显然生气了："好耙子仓库里多的是！类似的事天天都在发生。我们所进行的两项大型发展计划进度及两条生产线的进度已经落后，眼看资金一点一点流失，可各部门经理们却似乎无动于衷！就像刚才的这个保洁员！我的下属总是不停地抱怨，只因为他们觉得自己巧妇难为无米之炊，而真正的原因我猜是他们缺乏危机意识。如果我

们不能给他们可用的工具，他们就不顾自己的工作是否有效而得过且过！我要找到管理保洁员的那个监工，狠狠地训他一顿，确保每一个保洁员都能得到一支好一点的耙子！"

柯维发出惊叹："你认为这样做就会解决问题了吗？在今天这件事里，谁该对这位保洁员和耙子的问题负责呢？"

董事长说："保洁员本人应该负责，毕竟他是唯一可以决定自己是否用合适的耙子的人。我们总是弄得每个人忙得团团转，而使他可以不尽义务，却允许他责怪别人。只要我们能够解决责任的问题，我们所有的问题就会消失无踪。每个人都必须为自己的工作绩效而负责。但是，监工真的一点责任都不必担负吗？"

柯维答道："他要负责，但不在于为园丁找支好耙子。他的职责在于使园丁尽职地把工作做好：他的工作是帮助保洁员达成负起责任的要求。而在最合理的情况下，还有谁需要为找到好耙子来负责？"

董事长思索片刻："我敢打赌我不是第一个看到他在使用那支坏耙子的人。从观念上而言，任何看到他的人都可能已经提醒过他。所以每个看到他的人，都该感到有责任去告诉他找支好的耙子。"

"那么你要扮演哪个角色？"柯维继续说。

董事长露出微笑："最根本的，其实是我自己该负责，因为我错看了问题的症结所在。我没注意真正的问题点——缺乏责任感，反而只看着一些表象——角色不分、工具不对、指派不当。"

在上面所讲的这个故事中，董事长注意到了具体问题，一名保洁员正在用一支只有5根耙爪的耙子扫树叶。如果没有管理顾问柯维的提醒，他差点陷入微观管理的误区：狠狠地批评监工，给那个保洁员找到一支好耙子。但在柯维的提醒下，这位董事长发现了问题的症结所在——缺乏责任感，并发现了自己的错误。显然，这位董事长在这一具体问题上获益颇丰。

事实正像这个故事所告诉我们的一样，只要领导者对具体问题投入精力和关注，进行深入细致的分析，就会很容易地发现隐藏在小毛病背后的大问题，而正是这些隐藏的问题对战略的有效执行构成了不可逾越的障碍。

关注具体问题就要要求领导者全身心地投入到企业日常运营中去。只有踏踏实实地去关注企业的日常运营，领导者才能更了解自己的企业，才能制定出更加适合自己企业的战略，才能提拔那些真正能更快更有效地完成工作的人，才能及时发现执行中所出现的问题，并第一时间给具体负责的人员有关解决问题的提示——就像柯维给那位气恼的董事长的提示一样发人深省，富有见地。

我们倡导领导者全身心地投入到企业的日常运营中去并不是让领导者对下属的工作指手画脚，而是经常对他们提出一些富有启示性的问题，以帮助他们用一种全新的思维去处理自己的工作。这样做根本不会压制任何人的创造性，相反，它更有利于员工能力的提高和成长。

只要对那些成功的CEO稍加分析就会发现他们都有一个共同特点：都对公司的日常业务保持着高度参与的热情。那些过分热衷于游玩、享乐并且与企业的日常运营划分界线的经理人，没有一个跻身于受人尊敬的CEO名单中。有些管理学家还发现，成功的经理和不成功的经理之间的一个主要差别就是他们对业务的参与程度。事实证明，对企业的业务参与程度越深，就越能够作出更加明智的决策，越能把决策不折不扣地执行下去。

CEO或任何一个经理的职位并不像有些书籍所描绘的那样轻闲——你只需花几分钟的时间进行授权就可以借助别人的力量管理整个企业了，相反它绝对是一件费神劳心的活。即使你已经充分授权了，有些事情还必须予以关注。

吉姆·基尔特斯在加盟吉列公司之后就立刻对吉列公司所存在的问题进行了详细的调查——并不是委托别人而是自己亲自去做。他审查以往的年报、华尔街的研究以及业界的评论，并且行程数百英里，与吉列的销售人员一起出差、走访商店、视察仓库和制造厂，此外他还研究吉列的广告，并仔细阅读消费者的反馈。没有人能对他隐瞒什么，因为他对公司的一切了如指掌。在亲自的调查中，基尔特斯发现吉列公司的真实情况比几位高层经理向他描述的境况还要糟糕得多：产品层次混乱不堪，太多的亏损产品在无情地吞噬着仅有的几种盈利的产品所带来的利润；支出和收入明显失去控制，吉列多年来一直是本行业付钱最快、收

款最慢的公司；没有必要的财务制度和约束，在每个季度末之前，没有人知道公司的状况，供应链管理也混乱不堪，各个部门单独采购原材料，并且没有进行采购支出的统计，事实上在基尔特斯要求各部门进行统计之前，这笔费用已高达40亿美元。最为糟糕的是不切实际的销售目标逼迫销售员工们不得不为保住自己的饭碗牺牲公司利益——在每一季度快结束时，销售人员都极度恐慌，为完成定额，他们乐于做任何事，比如在交易时提供大幅度的折扣，提供新的产品包装等优惠，这使得公司利润严重流失。

而上述所有这些都是那几位高层经理所不知道的或有意隐瞒的。迫于公司目前的危险处境，基尔特斯坦率地告诉华尔街，吉列将不会继续保持两位数的增长，吉列只能够实现3%～5%的收入增长，不会更多，也不会更少。他没有向外界设想吉列的宏伟远景，而是和部属们探讨卖电池应该使用六只装还是八只装。他也没有大谈吉列将怎样改变世界，而是踏踏实实地与竞争对手比较销售、行政及其他费用的高低。已经产生的效果为他所做的这一切作出了最好的证明，利润的平稳上升和偿债能力的增强已经向全世界宣称，吉列公司已经走出了寒冷的冬季。

我们习惯于听到CEO们为自己公司的美好前景绘声绘色地描绘，习惯于看到高层经理们坐在舒适的真皮座椅上悠闲地敲着电脑。但他们之中有几个能像杰克·韦尔奇一样动手给基层的一名员工写一张便条，为他所遇到的麻烦提出中肯的建议，有几个能像萨姆·沃尔顿一样在酷暑中与分店一名收银员像老朋友一样握手并帮她把收银台上摆放的物品分类放好，又有几个能像思科的钱伯斯一样推着冰淇淋小车在给员工分发冰淇淋的时候与他们亲切地交谈，给他们提供帮助。没有几个高层领导能做到如此近距离地接触具体的运营事务，就像没有几个CEO在基尔特斯刚刚出任吉列公司CEO时赞成他的做法一样。但不争的事实却是，能够对公司具体业务高度参与的CEO们成功了，而且在他们的领导下，公司已建立起了一种执行文化，所有的员工都致力于战略决策的执行而不是空谈和推脱责任。而另外一些领导者不但失败了，而且连同他们的公司也陷入了困境。

确实如此，在构建执行力组织中，领导者自身的因素非常重要，领导者本身的行为是整个企业的风向标，所有的员工都会拿它作为参照物。所以，在企业的日常管理中，领导者要身先士卒，积极参与。如果领导者在会上大讲特讲某件任务的重要性和紧迫性，号召广大员工加班加点，而会下员工看到的却是领导者漫不经心的态度，员工会作何感想呢？

这就是说，领导者要带动每个人共同负责，首先自己积极参与到公司的日常业务中去，身体力行，让员工经常能看见你的身影。这样，才能给员工作出表率，影响员工，在公司里建立起执行力文化。

亲力亲为，身体力行，对自己的工作能全身心投入，是执行力组织管理者的显著特征。领导者的行为方式将决定其他人的行为方式。如果领导者没有参与到企业的日常运营当中，那就不可能建立一个执行力组织。

【狼性执行说】

狼群要想捕捉更多的猎物，头狼就是要带头去执行，起到头狼的作用。"企业要提高效益，首先，就要要求领导者以身作则，起好带头作用。"这是被称为日本经营之神松下幸之助在晚年叙述总结自己的成功经验时说过的一句话。松下幸之助的这句话，便告诉了我们要提升企业的执行力就要从领导者开始，而领导者要以身作则，率先示范。

低调但不失威严

经常低着头

不吭一声的头狼

幽深的眼睛中喷射出威严的光

只要它嗥叫一声

狼性执行——企业如何打造卓越执行力

> 我们就会随它而去
> 向猎物猛扑过去
> 用最快的速度、最大的力道咬断猎物的脖子
> ……
>
> ——【狼性宣言】

一条优秀的头狼，并不一定是一条高调的狼，但必须是一条有威严的狼。对于头狼来说，威严是最重要的要求。一旦失去了威严，不仅头狼很容易失去领导资格、被其他狼所打败，而且这个狼群的执行力就会受到很大的削减。

其实企业领导者也是如此，如果你对你的员工来说没有足够的威严，那么你的员工很可能会"糊弄"你，很显然，企业的执行力也会受到削减。所以说，企业领导者在自我表现的时候也是有讲究的。

马克·赫德（Mark Hurd）被任命执掌哪家公司，哪家公司的股价似乎就会受益。大约两年前，赫德先生被任命为自动柜员机生产商 NCR 的首席执行官，该公司股价次日就跳升了 12%。当赫德先生成为全球第二大电脑生产商惠普（Hewlett-Packard）的新领导时，该公司的股价上涨了 10%。

赫德先生没什么架子，但个性刚毅，工作努力。此番出人意料的任命使这位管理者成为众人瞩目的焦点。现在，这家电脑和打印机公司的投资者和雇员希望，新任首席执行官能重现他在 NCR 创造的业绩。

分析师、咨询师和惠普员工对赫德先生的初步议论是高度肯定的。赫德先生以注重细节、行事高标准而著称，而且乐于卷起袖管亲力亲为。他说，"我总是喜欢竞争，我总是在竞争中发展兴旺。我喜欢竞争而且努力求胜，我喜欢这种游戏带来的刺激。"他在任命宣布后接受《金融时报》采访时作此表示。

这种对胜利的渴望令他在 70 年代赢得了德州贝勒大学（Baylor University）的网球奖学金。他在那所大学攻读工商管理，并作为国家级大学选手参加角逐。他一度考虑过职业网球生涯，但最终在科技领域看到更可靠、更有价值的未来。

"在网球方面，我是那种边缘人物之一，可以尝试以此为生，或者我可以更明智些，尝试一份全职工作，"他说。他已搬进了帕洛阿图（PaloAlto）的惠普总部新办公室中，周围郁郁葱葱。"我当时认为，如果网球不能打到很好，那还是找一份真正的工作比较好，所以我就这么做了。我开始销售大型计算机。"

赫德先生大学刚毕业就加盟了NCR，他先在德州做了几年电脑销售，然后转到公司位于俄亥俄州戴顿的总部，在那里，他在销售及市场业务上逐级升迁。他在NCR较著名的成就之一就是，把Teradata部门打造成一个强大的信息服务中心，该中心帮助企业运用自己手头的客户数据，改善业务经营和客户关系，从而变得更有竞争力。例如，凭借Teradata提供的技术和服务，沃尔玛（Wal－Mart）能通过分析前几年的客户数据和实时天气状况，计算出该店在某一天需要储备多少瓶佳得乐（Gatorade）饮料（或多少件毛衣）。

赫德先生在2003年成为NCR首席执行官，并致力于通过削减成本、投资销售及营销，使这家企业扭亏为盈。在他任期内，长期遭受损失的股东目睹自己的NCR股票上涨逾300%。

"他相当有远见，他懂得信息将如何改变企业。他很有智慧，敢于表明观点，而且会奋力推进他所相信的事情"，研究集团福里斯特（Forrester）的首席执行官乔治·克鲁尼（George Colony）表示。

惠普非常需要他的这些素质，在那里，赫德先生将发现许多挑战来激励他的斗志。这家硅谷的偶像企业受到严酷竞争的挤压，从国际商业机器公司（IBM）的高端服务集团，到戴尔（Dell）的低成本个人电脑业务。近来惠普的季度业绩非常不稳定，公司似乎已经丧失了创新优势。这种局面导致了卡莉·费奥莉娜（Carly Fiorina）两个月前被赶下首席执行官的宝座。董事会的理由是，在惠普2002年采取以190亿美元收购康柏（Compaq）这一有争议的行动后，她曾保证让公司实现有赢利的增长，但最终未能履行该承诺。另外人们觉得她花了太多时间为惠普（一些人认为还为她自己）做推广。随着这位明星首席执行官成了惠普所有错误的象征，在她的5年任期内员工的士气也被挫伤。

相比之下，赫德先生对成名的兴趣不大。人们知道，在NCR时，他常常工作到很晚，然后回家陪伴妻子和两个孩子。他也不喜欢说豪言壮

语，有些首席执行官往往因为说过某些大话而下不了台。他表现出低调的自信，更愿意用行动来为自己说话。但到目前为止，对于自己打算在惠普如何开展工作，赫德先生几乎没说过什么。

分析师和投资者对惠普收购康柏以来的财务结果大失所望，因而多次督促惠普把赢利丰厚的打印机部门分拆出去，或出售其处境艰难的个人电脑业务。但惠普董事会仍坚持表示，该公司不打算理会这些呼吁，而赫德先生也呼应了董事会的观点，表示目前就连考虑这些问题都还为时过早。他说，他首先要考虑的，是让惠普旗下各部门充分发挥潜力。另一方面，他拒绝排除任何选择方案。"如果他在18个月后认定这是个错误的战略，他将非常积极主动地改变方向，"科洛尼先生说。他认识赫德先生已有4年。

有关赫德先生的最大疑问仍是规模问题。他以前执掌一家60亿美元的公司表现很好，但在去年销售额达到800亿美元的惠普，他能做得同样好吗？与聘请他的惠普董事会的说法一样，赫德先生也表示，问题在于复杂性而不是规模。他强调，虽然NCR要比惠普小得多，但两家公司有着相似的复杂性，因为它们都有各种各样的分部，这些分部遍布全球，运作模式也不尽相同。"人们贸然地用营收规模来定义复杂性，而我不相信那就是复杂性的定义，"他说道。但他也承认，"这种说法还是情有可原的。归根结底，一家是60亿美元的公司，另一家是800亿美元的公司。时间会证明一切。"最后，时间也确实证明了一切，通过赫德先生有效的管理模式和有效的执行力，终于使得惠普重新"振作"起来了。

【狼性执行说】

一条头狼，不需要有高亢的嗥叫声，但是必须有深邃而威严的目光；一个领导者不需要高调，但是必须具备威严。只有具备这一点，你的团队才会甘心被你领导，才会情愿为你提高自己的工作效率，为提高团队执行力作出贡献。

关键时刻体现强悍个性

头狼的牙齿是锋利的
身体是强壮的
如果
有谁敢挑战它的位置
它绝对不会
轻易屈服
它会用一切的力量
来证明
自己永远都是最优秀的头狼
……

——【狼性宣言】

一条头狼的优秀性不仅仅体现在它在狩猎前的安排和调配上，而且还体现在狼群出现问题时头狼如何作决定上。一条优秀的头狼会在关键时刻作出强悍的决定，即便狼群中的其他狼不同意，只要头狼决定，它就会执行到底，这就是头狼的执行力，也是整个狼群执行力的动力。正如白疤狼一样，在面对挑战自己地位的狼时，毫不犹豫地将它驱逐出狼群，即便母狼和其他狼有点"舍不得"，但是一旦白疤狼下定了决心，那么谁都无法反抗它的决定。

在很多企业中，正是因为有了强悍的领导，企业才最终走向了发展。星巴克的领导者就是这样一个强悍的执行官。

分布在 32 个市场、6 千多家店的星巴克咖啡，是忙乱、寂寞城市中的"绿洲"，让奔波的现代人，用小小的奢侈来满足雅痞的灵魂，正是这样一家充满着传奇的公司，如今被公认为"咖啡的教父"。2003 年，咖啡

零售店星巴克的营业收入上升了24%，达到41亿美元。《商业周刊》在2004年1月将其CEO史密斯评为2003年度最佳经理人。

"如果说董事长霍华德·舒尔茨是星巴克的灵感源泉，那么奥林·史密斯（Orin Smith）就是将灵感变成现实的那个人。"《商业周刊》在2004年1月将史密斯评为2003年度最佳经理人时这样评论说。星巴克的点子从来都是那么与众不同，但把这些好点子都变成现实也并非那么容易，星巴克依靠的是其强悍的执行力。

2001年，史密斯担任星巴克CEO不久就遭遇了全球经济衰退，他认为公司的前景依赖于国际化扩展。于是，星巴克不仅一口气在美国和加拿大交通便利的场所开设了300家分店，而且还在包括奥地利、瑞士在内的咖啡店相对饱和的国家开办分店。到目前为止，星巴克在全世界拥有7300家分店，而当2000年史密斯担任星巴克CEO之时，美国只有40家连锁店。

除了开新店、通过增加软椅和壁炉等设备，为客户创造一种在家和工作场所之外的舒适的"第三空间"外，史密斯认为星巴克的竞争力体现在"走在别人的前面"。在他的倡导下，星巴克提高了食物和其他产品的比例，现在这部分产品占收入的10%。

2004年3月16日，星巴克开始推出店内音乐服务活动，顾客一边喝着咖啡，一边可以戴着耳机利用惠普的平板电脑来选择自己喜爱的音乐，现共有25万首歌曲可供选择。史密斯打算未来两年内在2500家连锁店中推行这项服务。

"每周走进星巴克的顾客有3000万人，他们来到这里不仅为了喝点什么，更希望享受到围绕着咖啡而产生的高级生活方式。"史密斯说，"艺术家们可不想去沃尔玛。"他相信，音乐会使星巴克感觉起来更像一个家。迄今，星巴克CD销售量已经达到500万张。

类似这样的业务创新在星巴克已经不止一次两次了。2002年8月底，星巴克与T-Mobile国际、惠普公司合作，在咖啡店开展了一种T-Mobile HotSpot无线上网服务。顾客用笔记本和掌上电脑就可以在咖啡店内检查电子邮件、上网冲浪、观看网上视屏节目和下载文件等。到2002年年底，在美国已有800家连锁店开设了此项服务。

在金融服务方面，2001年11月，星巴克引入了一种预付卡。顾客提前向卡内存入5美元至500美元后，就可以通过高速因特网的联接，在星巴克1000多个连锁店刷卡付款。虽然预付卡没有折扣，但由于结账时间缩短了一半，依旧受到热烈的追捧。

据悉，星巴克已卖掉400万张预付卡，并使2002年1月、2月的消费创历史纪录。"我为这种卡的流行程度感到惊讶。"史密斯说。

当然，星巴克的业务创新是建立在与众多供应商、零售商协作的基础上的。"我们到处与人合作"，比如与惠普合作，通过惠普提供的高动力播放器推出音乐服务。此外，还与连锁超市合作，将咖啡店开进超市；与冰淇淋公司合作，卖起冰淇淋，等等。

"星巴克是一家价值驱动的公司，我们最看重的是忠诚地遵循我们的价值观。"史密斯说。星巴克价值观的原则包括帮助生产商生产最高质量的咖啡，与客户建立强有力的联系，创造最高的员工满意度，回报社会，最大程度减少对环境的污染等。

因为篇幅的关系我们在这里只能给大家呈现出事情的结果，而无法去详细叙述每个好点子事实的过程。但有心的你应该会从这些结果中感受到星巴克公司在执行过程中果敢、强悍的作风。所有的点子从出现到全面实施星巴克从来都只用很短的时间，这也使我们能够更深一步地去理解执行的重要性了。

【狼性执行说】

一个具备强大执行力的团队，必定是一个内耗最小的团队。要想团队的内耗最小，团队的领导者就必须具备自己的个性，特别是在关键时刻，能够利用自己的个性来摆平发生的事情，降低内耗，把员工所有的精力都集中到工作上来。

果断的决策力

> 头狼
> 最差劲的表现
> 不是没有锋利的牙齿
> 也不是没有强壮的体魄
> 而是
> 在该下令出击的时候
> 犹犹豫豫、错失良机
> 以至于让狼群饿肚子
> ……
>
> ——【狼性宣言】

在干旱的草原上生存，白疤狼不仅要时刻注意猎物的移动方向，而且还要时时刻刻提防其他动物对自己狼群的威胁，比如说森林之王狮子、短跑冠军猎豹，甚至还有讨厌的鬣狗，对于小狼的威胁也是很大的。一旦发现威胁，白疤狼就会当机立断，要么潜回洞穴，要么选择转移。白疤狼之所以是一条优秀的头狼，这和它果断的决策力也是不可分割的。就像那次完美猎杀一样，也是因为白疤狼的当机立断，才最终获得了成功。否则白疤狼群很可能度不过那个干旱难熬的季节。

从某种程度上来说，头狼的决策力也影响着狼群的执行力。因为只有头狼先决策了，狼群才知道该如何去执行。狼群如此，企业亦是如此。利盟公司的柯蓝德就是这样一个企业的"头狼"。

利盟公司是享誉全球之镭射、喷墨和点阵式打印机以及有关产品的发展商、制造商与供应商，为办公室及大小家庭提供高质量的打印产品及服务，该公司于1998年的销售额高达30亿美元。利盟在美国Lexington

设有行政大楼及公司最具规模的生产中心，此外利盟亦于美国波尔德、苏格兰 Rosyth、法国奥尔良、墨西哥 Juarez 及澳洲悉尼设有生产中心。利盟公司创立于 1991 年，在私人投资公司 Clayton Dubilier & Rice 成功收购之后由 IBM Information Products Corporation 衍生出来，并在 1995 年成为一家上市公司。

由于利盟是从 IBM 公司分离出来的，因此，它也具备了某些 IBM 的能力，这其中就包括执行力。或许由于与 IBM 同源，才使利盟表现出与蓝色巨人相同的气质。从 1991 年推出打印解决方案，站在企业运营的角度提高打印效率，到 2004 年在数十个不同行业提出"随需应变"商用打印方案，利盟的成长轨迹充满了 IBM 的影子。

然而，公司的 CEO 柯蓝德本人并不能准确描述出利盟从 IBM 那里到底获得了怎样的蓝色遗传密码。他只是说，利盟是不一样的一家公司。巧合的是，相同的表达也出自 IBM 的郭士纳。在用了 10 年时间引领 IBM 走出低谷后，郭士纳依然无法回答 IBM 到底是一家什么样的公司，他只是认为 IBM 的确与众不同。

在柯蓝德履历中同样有着浓浓的蓝色背景。他曾在 IBM 不同产品开发和管理职位上做了 17 年，并成为 IBM 桌面激光业务领域的负责人。1991 年，柯蓝德出任利盟公司全球 CEO。

在 IBM 长达 17 年的工作无疑对柯蓝德执掌利盟公司带来了难以言说的影响。柯蓝德解释说："单纯的发明对于创造价值来说是远远不够的，关键是迅速将这些发明应用于各种新的产品和服务之中。"昔日郭士纳的经典之语，如今已经成为利盟的战略法宝。

当然柯蓝德并未将所有的经验机械地照搬到利盟的战略中。市场是变化的，现在的利盟不同于刚刚从 IBM 分离出来的情况，而 IBM 经历了 10 余年发展已经逐渐转变为服务提供商。当然利盟会在发展中借鉴 IBM 经验。这两家公司经历 10 年发展后，仍然会以相似的策略面对市场。只是 IBM 专注于普遍性的 IT 咨询、系统咨询，而利盟只是集中于输出管理和打印，通过为客户提供一系列的解决方案，使商业用户在打印中提升战略价值。

首先，利盟在打印领域有着完善的产品线，可以保障为用户提供各

种解决方案。这样可以降低硬件在解决方案中的成本比例，并使客户对服务需求增加，提高服务的利润贡献率，这正是与IBM相同之处。柯蓝德认为产品线是前提。当IBM在企业级应用市场有完善的产品线后，有机地投入更多资本对客户运营流程进行研究，使IBM解决方案真正做到随需应变，并获得更多利润空间。

然而产品线并不是问题的全部。只有将产品技术能力不断提高，才能满足用户需求，并使用户使用成本不断降低。与此同时，客户需求又为利盟的技术创新指明了方向，当技术与市场形成良性循环，利润自然就会增长。

对于利盟来说，客户需求是第一位的。如果没有客户认可，任何公司都没有生存的可能。郭士纳意识到统一的公司，用同一张面孔面对客户，才能具有竞争力。所以在接掌IBM的头18个月内，郭士纳做出一系列将蓝色巨人从悬崖边上拉回的重大决策，避免了IBM处于肢解的边缘。

利盟希望在专业领域内做到全面提升公司的综合能力，所以他们是围绕客户整合资源的，而不是按照产品或者地域分布来划分资源。这样就能在打印领域内联合不同部门对付共同的敌人，或者是在一个有竞争力的行业中共同去争夺市场。

利盟注重通过识别客户需求和打印业务流程细分，对现有产品进行变革和再设计，在产品、客户和技术研发等各因素之间实现决策的平衡。相对于IBM综合性多元化的业务领域，在打印专业市场中，产品、客户和技术研发这几种关系更加直接明了。利盟通常会在发现客户价值，继而分析技术和财务的因素后，直接进入实施阶段。

可以肯定的是，利盟在开拓商用市场时完全采用IBM的模式，因为打印市场逐渐变得成熟。当利盟在喷墨、黑白激光和彩色激光技术上实现突破并占有一定市场份额后，公司发现，单一的产品创新或技术创新已经不能满足那些流程日益庞杂的大型客户需求。再加上信息技术产业逐渐变成以服务为主导产业，而不是以技术为主导的产业。打印作为其中信息技术的一部分，打印的芯片速度、软件版本、专有系统以及其他类似的东西都会被包含在整体解决方案中，所以，利盟借鉴IBM的商业模式是完全可行的。

在未来可预见的信息整合时代里，局部应用整合将是发展的重点，更多公司会在专业领域面临深层次的竞争。公司更加注重将市场需求通过技术研发转变成公司的创新能力，这就是将 IBM 综合性商业战略用于专业领域的可能性。

人们都知道，向用户提供综合性的完整打印解决方案，这可能意味着公司需要更庞大、更复杂的组织架构以及更多的沟通成本。利盟也存在着同样的问题。这个问题并不会由于利盟集中于单一业务领域而变得容易解决，越是战略集中就越是要求公司具备越强的市场应变能力，所以柯蓝德花去很多时间解决官僚机构的问题。

其实，柯蓝德并不认为官僚机构存在是什么坏事，每个机构都有存在的道理，关键问题是如何让这些机构以协同的节奏运转。为此，利盟内部强调统一的跨部门管理。局部业务管理由各部门独立完成，跨部门管理机构成为调度公司运行秩序的中心，1995 年利盟成立了全球统一技术数据中心、全球统一市场推广部以及知识产权保护部门。这些跨部门的管理机构对于内部沟通和协调起到了重要的推动作用，并保障了公司的执行能力。

对于市场而言，把客户运营流程划分越细，越可能为用户提供完善的解决方案，赢利的可能性就越大。对于公司内部而言，运营流程的细致划分可以保障公司运营更加严谨，避免公司的每项决策与现实状况出现太多偏离。

利盟面临的任务是在组织内部实现经营业务与管理职能相结合，进行跨部门合作，并使用户服务的策略有力执行。由于利盟与 IBM 原本是同一家公司，文化的同源性，使得利盟的商业策略和内部管理都与 IBM 相似，在执行方面也会表现出相同的 DNA。柯蓝德认为，组织的执行力与 4 个有效运作的 DNA 密切相关——结构、权力、信息、激励。持久、良性的执行力是通过这几个深层次因素的协调去实现的。

在组织架构以及人事激励等方面，利盟吸取了 IBM 的精华部分。IBM 的原则是尊重人，并使人的能力得到最大限度的发挥；在信息沟通方面，IBM 提倡基于整体价值链的沟通，这样可以使公司的运营精益求精。

当然，柯蓝德也看到 IBM 的不足之处。例如，IBM 并不太注重竞争对手或者同类厂商的市场竞争，这正是利盟在内部管理中需要克服的，利盟必须使整个封闭的系统呼吸到新鲜的空气。一个例子是，竞争对手推出集中式的商用打印解决方案时，利盟开始研究分布式办公环境中以低成本实现打印的解决方案。利盟专门成立了技术和服务部门对全球策略进行统一部署，这项计划在 5 个月中就产生了非常好的实施效果。

尽管利盟在学习 IBM 的管理模式，但是利盟的管理与 IBM 完全不同，IBM 是庞大的商业帝国，已经具备了技术和产品实力，你会看到 IBM 利用管理推动商业模式创新。而利盟业务主要集中在打印领域，公司的管理更强调对技术和商业策略的共同推动力。利盟是打印技术解决方案的专业提供商，在打印技术方面处于绝对的领先地位。利盟的成功在于其 CEO 强悍的执行风格和贯彻到每个员工的执行效力。

【狼性执行说】

　　机遇往往都是一瞬间的事情，如果你不善于把握，过了这个村可能就没这个店了。企业领导者，可以没有员工的技能、也可以没有分析师的眼光，但是必须有超于一般人的果断决策力，在该下命令的时候决不手软。抓住机遇，就等于爬上了成功的快车道。

狼性执行
LANGXING ZHIXING

第十章
执行之狼的特征

在现今的社会环境中，执行力成为了企业间的竞争力最好体现。没有执行力便没有竞争力。为了能够在现今竞争激烈的社会环境中得到更好的生存与发展，无论是个人还是企业，都在想尽办法去提升自我的执行力。

一条狼，是不是适合执行某项捕杀任务，并不一定要在具体的捕杀现场才能看得出来。头狼在选择执行之狼的时候，会首先对狼群中的狼进行初步的挑选，只有那些符合执行条件的狼才能入选，才能在捕杀猎物的行动中一展身手。

那么，什么样的狼才是符合执行条件的狼呢？也就是说执行之狼的身上有什么明显的特征呢？这些特征不外乎以下几点，我们不妨一一来研究一下。

要有敢于行动的勇气

角马的身体是庞大的
硬蹄是危险的
可是
为了整个狼群
为了头狼的命令
在角马来到面前的那一刻
我会毫不犹豫地
腾空而起
准确而有力地咬住它的脖子
把它变成狼群的美餐
……

——【狼性宣言】

在捕杀猎物的时候,狼虽然是捕猎者,但是有时也会面临危险。特别是在猎杀体型比自己大、有一定攻击性的猎物时,这种危险性就更大。因此,一条具备执行条件的狼的身上必须要有敢于行动的勇气。就如白疤狼群猎杀角马一样,在角马来到自己面前的那一刻,狼群要敢于腾空而起,迅速而准确地咬住角马的脖子。否则不但猎物抓不到,还会给自己造成伤害。要知道,角马并不像羚羊、野兔那样不会反抗只会逃跑,如果没有强大的勇气作为支撑,狼很可能反被角马所伤。

说到执行的勇气,我们不妨来看一个小故事:

在一个古老的部落里,有一个青年人决定走出山林,闯荡天下。临行前,他来到酋长的帐篷中,请求酋长赐予他勇气和祝福。酋长只淡淡地对他说了三个字：不要怕。

青年人上路了。几十年后，满脸沧桑的"青年人"又回到了部落。这时，给予他祝福的酋长已经死去。有人把酋长临死前留下的字条放到"青年人"手中。他打开字条一看，上面赫然写着三个字：不要悔。

这个故事其实告诉我们：一定要具备敢于行动的勇气。任何人在开始某种尝试的时候，实际上他就已经开始冒某种程度的危险了。因为世界上没有万无一失的成功之路，在你追寻成功的过程中，各种要素往往变幻莫测、难以捉摸，而任何微小的差池都会使你的成果大打折扣。所以，若是想要在事业上取得成功，就一定要有敢于行动的勇气。

因为成功喜欢光临勇敢的人。在我们身边，有许多成功的人，并不一定是因为他比你"会"做，更重要的是他有勇气，比你"敢"做。

中国超级富豪李晓华，就是一位勇敢的企业家。

那时候，马来西亚政府向各国公开招标，准备修建一条高速公路。当时，马来西亚政府开出的条件非常优惠，但是因为这段公路不长，而且当时车流量不大，所以应者寥寥。

但李晓华却预感到自己赚大钱的机会来了。他马上前往马来西亚考察，得知了一条重要的并且不为人知的消息：在离公路不远的地方有一个储藏非常丰富的油田。这个消息尚未正式对外公布。这让他兴奋得几乎要跳起来。他意识到，这个油田一旦正式开采，这条公路上的车流量必然大增，地皮价格也必定会随之而大增。

经过深思熟虑之后，他当机立断，拿出了自己多年来的全部积蓄，又从银行贷了一笔巨款，筹集到3000万美元，一举拿下了这个项目。

当时，贷款条件相当苛刻，并且贷款期限只有半年，期限一到，必须归还本息。如果半年之内这个工程项目无法如期完工，那么后果则不堪设想。不过此时的李晓华已经倾尽所有，毫无退路了。

这需要多大的勇气啊！就连他的亲友都极力反对他做这个项目，但李晓华却丝毫不为所动。

等待的日子开始了。毫无退路的李晓华开始过上了十分清贫的艰苦生活。物质上的匮乏和精神上的煎熬，几乎要使他垮掉了。已经熬了5

个月了，油田开采的消息仍然没有公布，但他仍充满信心地等待着。

终于，在5个月零6天，关于油田开采的消息终于公布了。当天李晓华投中的那段公路的标价就翻了一番，之后的几天，标价一路看涨！显然，李晓华敢于行动的勇气得到了极大的回报。

世界上恐怕极少有人有勇气心甘情愿地去主动承担风险。更多的人都太过聪明，对时机后面的不测因素和风险看得一清二楚，没有勇气去冒这个险。因为风险常常是引发失败的导火索，它可能会使一个人的事业前功尽弃，甚至倾家荡产。结果聪明反被聪明误，这些人永远只有保持"糊口"的状态而已。其实，如果能从风险的转化和准备上进行谋划，风险也就不那么可怕了。而且，风险越大，成功的机会可能也就越大。这个时候，你只要鼓起勇气，就肯定不会坐失良机，并且会给你带来巨额利润。

商界没有万无一失的致富门路，你如果没有动手去做的勇气，虽然不会失败，但也绝对不会成功。所以，"一旦看准，就大胆行动"已成为许多商界成功人士的经验之谈。勇气可以战胜一个人对失败的忧虑感，让人信心百倍，敢于一搏，这样，成功的几率必然增大。

1956年，50岁的哈默购买了西方石油公司，开始做石油生意，石油是最能赚大钱的行业，竞争十分激烈。而初涉石油业的哈默要建立自己的石油王国，无疑面临着极大的风险和困难。

首先碰到的是油源问题。1960年，石油产量占美国产量58%的得克萨斯州，已被几家大石油公司垄断，哈默无法插手；沙特阿拉伯是美国埃克森石油公司的天下，哈默难以染指……如何解决油源问题呢？当花费了1000万美元勘探基金而毫无结果时，哈默接受了一位青年地质学家的建议：旧金山以东一片被德士古石油公司放弃的地区，可能蕴藏着丰富的资源，他建议哈默把它租下来。哈默又千方百计地从各方面筹集到了一大笔钱，投入了这一冒险的投资。他虽然知道，如果这一次失败了，他就完了，但他仍勇敢地去做了。当钻到860英尺深时，终于钻出了加利福尼亚州的第一大天然气田，估计价值在2亿美元以上。

哈默成功的事实说明，要想成为一个成功者，就必须具备"拼着失败也要试试看"的勇气和胆量,如果没有勇气,你也就只能为失去的机会而扼腕叹息了。

需要注意的是,勇于冒险不是赌博,不等于碰运气。碰运气是一种听天由命的懒惰与无奈,是真正的将自己置身于风险中。而真正的勇气则是积极主动的进取,是一种魄力。

怕树叶掉下来砸破脑袋的人做不成事,而明明天上下着冰雹却要到露天地里闲逛的人也会被砸得鼻青脸肿。所以,精明的人在创富时,不避风险,却绝对不蛮干,他们有自己的风险规避法,他们会计算出风险的系数有多大,然后做好应付风险的准备,因此,他们大多数情况下可以有较大胜算。

同样一件事,因为存在一定的风险,甲经过细算,认为有60%的把握,便抢占时机先下手为强,因而取胜。乙在谋划时,总是要等到必须有90%甚至100%的把握,才敢下手,结果坐失良机。而丙连粗略的估算都没做,脑袋瓜一热便杀将过去,成功的几率连10%都不到。

由此可见,真正的勇气不是头脑发热的产物,而是谨慎的人进行的大胆尝试。他们冒的是经过理性分析后的危险,用的是一种挑战的精神,所以他们才抓住了稍纵即逝的机会。而如果没有这种敢于行动的勇气,那他们是不会成功的。

一个没有勇气的人是可悲的,他会害怕真正地面对生活,害怕挺身而出承担责任,害怕冒一丁点的风险,他会把自己关在怯懦的心理牢笼之中,在有利可图时,游手好闲地站在一旁不动,从而一步一步地走向失败的深渊。

美国一家公司的哈利先生就因为自己的怯懦而一生感到悲伤。有一次,公司要他到美国南部去掌管"地方的分号",但因为他自己没有勇气承担职责而拒绝了,很多次这样绝好的机会,他都找一些借口把它们错过了,最终一事无成。

可怜的哈利先生不知道,有勇气冒风险、敢于承担责任的人,即使失败了也是不受谴责的,真正需要谴责的是那些像他本人那样,没有勇气做事,只知感叹命运多磨的人。

吉姆·伯克晋升为约翰森公司生产部主任后做的第一件事,就是要

开发研制一种儿童所使用的胸部按摩器。然而，这种产品的试制失败了，伯克心想这下可能要被老板解雇了。

伯克被召去见公司的总裁，然而，他却受到了意想不到的接待。"你就是那位让我的公司赔了大钱的人吗？"罗伯特·伍德·约翰森问道，"好，我倒要向你表示祝贺。你能犯错误，说明你勇于冒险。而如果你缺乏这种精神，我们的公司就不会有发展。"数年之后，伯克本人成了约翰森公司的总经理，他仍牢记着前总裁的这句话。

因此，消除你的胆怯心理，让自己充满勇气吧！

你要使自己有渴望成功的冲动，强烈的成功欲望会抵消你的胆怯心理，让你成为一个不满现状、不断进取的人。这样你就不会为自己想做的事而思前想后，顾虑重重，你要做的就是：想做什么就着手去做，并且学会边做边纠正自己某些不太合理的做法，那么成功自然也就离你不远了。

你还要学着充实自己的知识，粉碎自我的小天地。如果你把自己关在自己的小世界里自我欣赏，这必然会产生畏首畏尾的思想。但只要走出去，加强与外部世界的联系，你就会找到自己的勇气。通过学习，吸收利用更多的知识丰富自己，你才能做到"艺高人胆大"，拥有破旧求新的勇气。

茫茫世界风云变幻，漫漫人生沉浮不定，未来的风景却隐藏在迷雾中，向目标进发的途中，有坎坷的弯路，也有泥泞的沼泽，而勇气则会给你有力的臂膀，让你劈荆斩棘，冲破迷雾，走向成功。

【狼性执行说】

一条瑟瑟发抖的狼绝对不是一条真正的狼，一个畏缩不前的员工绝对不是一个善于执行的员工。要想提高企业的整体执行力，领导者要善于提高员工的勇气，在关键时刻勇于出击，用自己的行动来证明自己的执行力。

培养持之以恒的耐力

我不是上帝的宠儿

不会在温室里受到长久的呵护

如果放弃追逐

等待我的只有饿死的命运

为了获得最佳战机

我对猎物进行几天几夜的跟踪

忍受着饥寒交迫的煎熬

在风雪交加的夜晚

我们呼啸着与马群展开殊死的搏斗

不将它们赶入沼泽誓不罢休

我一来到这个世界

就充满对生存的渴望

对目标不懈的追求

生命的热忱总能唤起我必胜的信念

——当然,只要我坚持

一切都会在我的控制之下

……

——【狼性宣言】

狼有时为了追踪猎物,必须要跟随猎物跑上几十、甚至几百公里。风餐露宿暂且不说,有时还是在冰天雪地里或者赤日当头,甚至有些时候还得饿着肚子。这对于狼群来说,无疑是一个巨大的挑战。从中我们也可以明白一点,要想做一条具有执行资格的狼,没有持之以恒的耐力

是万万不行的。

有位修行者，脾气很暴躁，他想把自己这个坏毛病改掉，于是花了不少钱，盖了一间庙宇。他特地在庙宇大门口的横匾上，刻上了"百忍寺"三个大字，为了显示自己的诚心，他向每一个前来进香的人说明自己有改掉急躁脾气的信心和决心，人们十分敬佩他的良苦用心。

有一位过客向修行者问庙宇横匾上的字。

修行者说："百忍寺。"

过客再问一次。

修行者口气略有不耐，回答说："百忍寺。"

过客故意又问了一次："请再说一遍！"

修行者终于按捺不住，暴躁地回答道："百忍寺！你听不懂啊！"

过客笑道："你才说了三遍就受不了了，那建百忍寺有什么用呢？"

你一定觉得这个修行者很可笑，其实修行者的初衷是好的。忍耐所蕴含的是智慧，如果当你面对你不想面对又不得不面对的坏情况时，你始终能冷静地分析现实情况，最终救自己于危难之中，那么你已经得到了苦难的慷慨馈赠——在忍耐中磨砺了人性，学会了洞察世事。

著名的小说家荷摩·克洛伊，在他最悲惨的时候都没有放弃目标。那是在1933年的一天，他离开了住了18年的家。在此之前他的事业总是顺风顺水，他的小说《水塔之面》的影片版权，以好莱坞最高价卖出，他们一家人过着标准的百万富翁的生活——夏天到瑞士避暑，冬天则到法国南部去避寒。

麻烦的开始是他到纽约之后，他看见许多投资地产的商人在一夜之间暴富，于是他也动起了炒卖地皮的念头。他用他的房子做抵押，买了一块他认为最佳的建筑用地，他想保留那块地皮，想等到它的价格涨到最高时再卖掉。然而，事情并非他想像的那样，由于经济不景气，那块地的价格暴跌。除了每个月为那块该死的地付220美元以外，他还得为他已经抵押的房子交纳贷款，还得养活一家人。生活的磨难似乎一下子全都降临到了他的头上。他卖不出去任何稿子，他的小说也以失败而告终。他的财产除了打字机和口中的金牙，已经所剩无几了。瓦斯和电都因为欠费而被停掉了，而且银行也因为他没钱继续偿还贷款而收回了房子，他们一家人只得租了一间小公寓。

当他坐在小公寓的行李上时，他母亲的一句话突然在他脑海中出现：不要为打翻的牛奶哭泣。他自嘲地说："可这并不是牛奶，而是我的心血。"他在那里坐了一会儿，然后又对自己说："好吧，你已经经历了最悲惨的事了，而且已经熬到现在了。再不会有更悲惨的事发生了，所以以后只会好转，不会更坏了。"

他又把精力花在了工作上，不再浪费时间去烦恼。由于他不懈的努力，他的情况又慢慢开始有了改善，最终又过上了富足的生活。

当他回头看这段往事时，他总是庆幸自己在面对那么大一个烂摊子时保持冷静，用自己的耐力和不懈的努力，使局面扭转了过来。他觉得以前的那段遭遇，教会了他如何使用自己的力量去战胜困难，让他学会了坚忍，赋予了他信心。一直到现在，他都对那段悲惨的遭遇心怀感激，因为它让他知道什么是困苦的生活，什么叫天无绝人之路。在以后的生活中，每当他遇到什么烦恼，他就提醒自己，一定要忍耐，耐得住苦难，才能收获成功。

可惜的是，只有少数人能从经验中体会出坚忍不拔的精神。站在人生的轨道上，相信你会目击绝大多数的人，在失败中倒下去，永远不能再爬起来。对此，你只能感叹地总结说，一个人没有耐力，那他干任何事都不会取得成功。

值得注意的是，当你鼓足勇气去行动的时候，在一步步前进的时候，千万别对自己说"不"，因为"不"也许导致你决心的动摇，放弃你的目标，使你像大多数人那样，半途而废，前功尽弃。

古希腊有这样一个神话：为了让妻子起死回生，俄耳甫斯用琴声感动了地府的守门官。他被允许带领妻子重返人间，但条件是要求他必须有恒心和耐力，在走出阴府之前，不能为苦所惧，为情所动，不能回头看妻子一眼。俄耳甫斯历经千难万险之后，气喘吁吁，力倦神疲，在即

将踏上人间土地的时候，他停了下来，禁不住回头看了看妻子，结果一切努力顿时付之东流，他那可爱的妻子又不得不被带回了冥国。因缺乏耐力而功亏一篑，天神宙斯也不禁为之扼腕，于是将他那只琴抛向空中，化为星座。

多数人为自己制订了完美的创富计划，并决定坚定不移地去执行这个计划，但当他们向目标挺进的时候，外界的困扰，环境的改变，对莫测前途的担忧，以及对自身能力的怀疑不断涌来，他们顶不住了，改变了方向。于是，成功也改变了方向，转向了那些耐得住考验的人。

【狼性执行说】

执行，并不是一帆风顺的。在面对重重阻碍、磕磕碰碰的时候，企业领导者要善于通过各种各样的方式来提高员工的耐心。只有当全体员工都坚定不移地执行企业的计划，那么这个企业才有希望。

坚强的毅力

我们知道
猎物不会主动送到我们嘴边
我们只有
利用坚强的毅力
不懈追击
才能获得生命的延续
……

——【狼性宣言】

狼在捕杀猎物的时候不是轻易就能够获得成功的，即使是再强大的狼群，捕获猎物的成功率也仅仅是在40%左右，更不用说其他一般的狼群了。也就是说狼群要想获得捕猎的成功，就必须遭受无数次的失败之后才能如愿。那么这些狼群靠什么来挺过这些失败的打击呢？很简单：毅力。狼不仅仅可以在冰天雪地中埋伏几天几夜，也可以饿着肚子几天几夜连续追踪猎物。它们靠的是什么？靠的就是坚强的毅力。

有人问一位智者："请问，怎样才能成功呢？"

智者笑笑，递给他一颗花生："用力捏捏它。"

那人用力一捏，花生壳碎了，保留下花生仁。

"现在你搓搓它"，智者说。

那人又照着做了，红色的皮被搓掉了，只留下白白的果实。

"再用手捏它"，智者说。

那人用力捏着，没能将它毁坏，那人再用手搓它。

当然，这次，他什么也搓不下来。

"虽然屡遭挫折，却有一颗坚强的百折不挠的心，这就能成功。"智者说。

是的，凡是成功地将愿望转变为财富的人，都有一种百折不挠、勇于进取的毅力，这是行动力得以发挥效应的最根本条件，也是一切成功之源。

网上网总裁段晓雷现在身价已达数亿美元，但在几年前，他却是身无分文。他到台湾借钱四处碰壁，因为一再借钱，朋友们都拒绝与他来往，他为公司找办公楼时还曾被赶出大门。失意到极点时，他想靠开计程车谋生，却倒霉地连驾照都考不上，就连他的妻子也因为生活的贫困，带着子女愤然离他而去。

1986年，他毅然辞掉工作到硅谷闯天下，当时他既没钱，又没有关系，连他自己想做什么都不清楚，创业谈何容易。1991年，他创立了U–tron，做主机板及笔记本电脑买卖，但因康柏降价，不久就赔光了。

一次不成，再来一次。他看见半导体产业前景极佳，打算做个视窗加速晶片，以改进视窗的效率。搞了半天，由于某些技术问题难以解决，又一次失败了。

后来，他应朋友之邀，协助重整一家名为 Tiara 的小公司。就在重整完成的时候，市场发生了重大变化，这次输得更惨。他连生计的问题都无法保证了。事业一再失败的同时，婚姻也亮起了红灯。这一切都没把段晓雷吓倒，他仍强打精神努力着。

1996 年，他以 40 万美元的资金创立了网上网。事业开始有些起色，但也并非一帆风顺，最惨的一次是因为付不出 5 万美元的电话费，差点被剪线，但最终他仍挺了过来。

1998 年，网上网渐入佳境，股票也顺利上市，到 1999 年 11 月，网上网市价已达 57.8 亿美元之多。段晓雷终于成功了！

可见，做一件事情，当"天资"失败，"机智"隐退，"才能"也说不可能，因此要放弃工作的时候，"毅力"若来临，便能帮助你获得成功。

再看一下这类人，他们赤手空拳起家，建立了无与伦比的工业王国。他们开始除了毅力什么也没有，如爱迪生，只受过不到三个月的教育，便成了世界上首屈一指的发明家，他将毅力转化成留声机、电影放映机、白炽灯等各种东西。

是什么神秘的东西使坚毅的人具有克服困难的能力？是他们有超自然的力量，还是他们有无穷的智慧？

没有，他们除了毅力之外别无所有，他们惊人成就的主要源泉就是毅力。

毅力是实现目标不可缺少的条件。恒心与追求结合之后，便形成百折不挠的巨大力量。因此，一个凡事坚持到底有毅力的人，世界必将为他打开出路。而那些没有毅力的犹豫沮丧者，不会得到别人的敬仰，也不会得到别人的信赖，更不能成就大事。

"锲而不舍，金石可镂。"这是战国时期著名学者荀子劝告人们学习或做事要持之以恒时讲的一个比喻。意思是说，不停息地用刀子刻下去，即使是坚硬的金石也会被刻穿。坚持不懈，就是"韧"，就是顽强的毅力。有毅力不仅是希望学有所成的人必须具有的精神，也是干一切事情所需要的科学态度。伟大的生物学家达尔文曾说过："我所完成的任何科学工作，都是通过长期的考虑、忍耐和勤奋得来的。"

世界上没有任何东西能够代替毅力。才干不能，有才干的失败者多如过江之鲫；天才不能，"天才无报偿"已成为一句俗语；教育不能，被遗弃的教养之士到处充斥着。唯有毅力才能征服一切。凡是具有坚毅精神的人，似乎都享有不会失败的保险；凡是经得起考验的人，都会因为他的毅力而获得丰厚的报酬。

范妮·赫斯特奋斗的故事，也正是说明了这一点。赫斯特小姐于 1915 年来到纽约，想依靠写作来积累财富。但这个过程很漫长，整整耗费了她 4 年的时间。在这 4 年里，赫斯特摸熟了纽约的人行道，她白天打短工，晚上耕耘希望。在希望黯淡时，她没有说："好啊，百老汇，你胜利了。"而是说："好的，百老汇，你可以击败某些人，但却不能击败我，我会使你认输的。"

在她的第一篇稿子发表前，她曾收到过 36 张退稿单。普通的人在接到第一张退稿单时，便会放弃写作了。而她却坚持了四年之久，下定决心要获得成功。

终于，她经受住了困难与时间的考验。从此以后，出版商纷纷登门求稿。钱来得太快，她几乎来不及数，接着电影界也发现了她，从此，辉煌的成就犹如洪水滚滚而来。

大多数人之所以没有恒心，并不是大家都不想有，不愿意有，恰恰相反，他们中的多数极想有，并为之尝试过，但都失败了。

因为毅力有价值，但也是有代价的。

有个农夫为了灌溉农田，决定挖口井。他一连挖了几口井，都不能坚持到底，挖到一半便放弃了，他说：这口井没有水。其实水就在下面，挖井的农夫只是没有坚持到底的毅力和决心罢了。

如果你想积累财富，做自己命运的主宰，不朝秦暮楚，不被眼前的困难吓倒，不半途而废，不浅尝辄止，不功亏一篑，那么，赶快培

第十章 执行之狼的特征

养你百折不挠的毅力吧。有了它，成功才会由远及近，降临到你的面前。

要加大自己愿望的强度。所有的成就都是以愿望为出发点的。微弱的愿望产生微弱的结果，正如微火只能烘暖你的手一样。如果你发现自己缺乏坚毅的精神，那么补救这个缺点的方法就是在你愿望的下面燃起熊熊大火。如果你已经有了强烈的"财富意识"，你的毅力也就随着增强了。

你要有明确的目标和计划。有坚定而明确的目标，可以促使你克服许多困难，而有明确的计划则可以激发你的毅力，即使这些计划是有缺陷的、不完善的。当然，在这个前提下，你要切实地落实计划。

你还要学会自我鼓励。在向目标挺进时，若遇到困难，千万别被他人嘲弄的声音、讽刺的话语、卑鄙的评论所吓倒。蒙起你的耳朵，别去理睬他们。你要深信自己有能力实现你的目标，并激励自己克服目标实现中遇到的任何困难。

在你前进的途中遇到麻烦或阻碍时，你要及时去面对它，解决它，然后再继续前进，这样问题才不会越积越多。同时当你解决了一个问题时，其他的问题可能也就随之而自动消失了。

如果你照以上方法做，很快地，你就会发现自己有了很大的转变，干劲增强了，自信心也提高了，你会感到一种前所未有的快活。你的工作也比过去做得更多更好，你的人际关系也自然会朝着好的方向转变了。

【狼性执行说】

在执行过程中，无论是遇到困难还是遭遇阻碍，我们都应该明白一个道理：只有像狼追击猎物一样，毫不妥协、绝不轻言放弃，你才有可能成为最后的成功者。爆发力很强的猎豹之所以成不了狼，关键就在于它不具备坚强的毅力。

第十章 执行之狼的特征

高涨的捕杀热情

> 生存是我们唯一的渴望
> 为了这个渴望
> 我们只有付出全部的热情
> 才能如愿
> ……
>
> ——【狼性宣言】

捕猎是狼的基本职责,也是狼获得生存的唯一途径。一条善于执行的狼,必须是一条具备捕杀热情的狼。热情是一种难能可贵的品质,是摄取财富必不可少的一环。一个热情的人,无论做什么,不管是干清洁工,还是当公司经理,都会认为自己的工作是一项神圣的天职,并怀有浓厚的兴趣。对事业倾注全部热情的人,不论工作有多么困难,或需要付出多大的努力,始终会以不急不躁的态度去进行。只要有了这种态度,谁都可以达到成功的目标。爱默生说过:"有史以来,没有任何一件伟大的事业不是因为热忱而成功的。"这不是一段单纯而美丽的话语,而是迈向成功之路的向导。

热情有一股伟大的力量,它可使你释放出潜意识里的巨大能量,来补充身体的精力,并发展出一种坚强的个性。如果将热情灌注到工作当中,那么,你的工作将不会显得很辛苦和枯燥。热情会使你的整个身体充满活力,不觉得疲倦。

有许多人并非没有才华,他们在某一领域里的丰富知识甚至会令他人难以企及,但他们的事业却只是平淡无奇;有些人不一定有非常渊博的专业知识,但由于充满了热情,反而创造出了显著的业绩。

由此可见，成功的人和失败的人在技术、能力和智慧上的差别通常并不是很大，但是如果两个人各方面都差不多，具有热情的人将更容易得偿所愿。一个人能力不足，但是具有热情，通常必会胜过那些能力强但欠缺热情的人。总之，最终摄取到财富者的成功因素很多，但可以肯定的是，他们绝对有着强烈的热情。事实表明，一个人追求成功的热情越高，成功的几率也就越大。

乔慧存现在是京城信达咨询公司的总裁，他中专毕业后进了一家啤酒厂上班。在工厂的5年中，他有一股十分强烈的学习热情，把一至四册的《新概念英语》认真地看了5遍，反反复复地学习。

有一次，他到北京参加一个国际啤酒研讨会，会上，因为只有他一个人能用英语跟外宾交谈，所以受到了瞩目，拿到了演讲稿。他用半年的时间把稿子翻译成中文，寄给当时的中国啤酒协会会长齐志道。这5篇论文全部发表后，他成了厂里有名的翻译。成功的热情一直激励着他，后来，他又计划考哈尔滨工业大学经济学的研究生。

考研对他这个中专毕业的人来讲是极大的挑战。他去见了很多导师，但他们都不愿意要他，原因是没录取过中专生。但乔慧存的学习热情最终还是感动了老师。考试时，他的英语成绩排名第一，复试也是第一。35人报考，最后录取的5人中就有他。他成功了！

后来，凭着自己的热情，他又考取了美国沃顿商学院的MBA，还注册了自己的公司。热情正推动着他向人生的更高处前进。

热情是出自内心的兴奋，不但可以激发你的潜力，它所散发出来的感染力还可以令你周围的人受到影响，他们会理解你，支持你，也变得与你一样充满热情。一起谈论合作计划，热情会使你们的合作更加顺利。热情能使有才能的人聚集在你身边，为你出谋划策，尽心尽力。

山姆·沃尔顿是沃尔玛公司的创始人，外界评价他是一个热情、乐观、具有良好品质的人。他不仅对自己的工作倾注了全部的热情，还把这股热情传染给他的20万职工。于是，沃尔玛公司从上至下都洋溢着积极向上的精神。

当顾客走进沃尔玛商场时，会得到亲切的问候和满意的服务。在职员问候完新到的顾客后，通常还会热情地加上一句："感谢您的耐心，很快将会有人过来为您服务。"

沃尔玛商场洋溢的这种热情得到了回报，今天，沃尔玛商场已在美国零售商中排名第一。山姆·沃尔顿也由此而获得了巨大的成功。

一个人可以什么都没有，但一定要有热情，因为对工作毫无热情的人只会到处碰壁。即使天分再高，他也难以成功。而如果你有一颗热情的心，那么它将会带给你奇迹。卡通大王迪斯尼就是凭借疯狂的工作热情，让奇迹突现而成为世界巨富的。

迪斯尼早年希望成为一名画家。一天他到报社找工作，总编辑一看他的作品就说不行，说他毫无画画的天分，他只好垂头丧气地回家了。

后来，他好不容易才找到一个在教会中绘图的工作。因为没有办公室，他便在父亲的车库里工作。

一只小白鼠在车库里窜来窜去。迪斯尼停下手中的工作，抓些面包屑喂小白鼠。日复一日，小白鼠变得很亲近他，甚至会爬到画报上去。

迪斯尼就这样创造了电影巨星"米老鼠"。之后，他全心全意投入到电影的构思之中。一天，他提出了一个构想，要把一则寓言故事改编成彩色电影，那就是三只小猪与野狼的故事。

助手们都不赞成，只好取消，但迪斯尼却一直无法忘怀，他屡次提出，却一再地被否认掉。迪斯尼有着一种无与伦比的热情，他不断地提出他的构想，最后大家答应姑且一试。

《米老鼠》制版用了 90 天，但《三只小猪》只用了 60 天就完成了。剧场的工作人员都没想到，该片竟受到美国人民的喜爱和一致好评。

不要盲目地去羡慕那些成功者，也不要总是感叹自己因为不幸所以才无法获得与他们一样的成就。其实，我们大多数人并非没有才能，也并非没有可供发展的环境与空间，缺的只是昂扬的斗志与激情。如果你也能培养并发挥出自己的热情，以此来鞭策自己从浑噩中奋起做事，对事业锲而不舍、执着追求，你的成功也将会变得轻而易举。那么如何才能培养出热情呢？不妨试试下面的做法吧。

尝试着对你所做的事产生兴趣，这样会有热情的信念。比如跟某人握手时要紧紧地握住对方的手，在心里你必须对自己说"他是我的好朋友，我喜欢他。"这种内心感受的外在表现就是热情，别人会很容易地感受到你的积极信念。

要相信自己，只有自信才能拥有热情。一个精神萎靡的人，对一切都已失去兴趣，又怎么会有热情呢？你对谈判对手说："但愿我们这次不要无功而返。"如果你一开始就说这种泄气话，又怎么能在谈判中保持热情呢？如果你自信地说："我们一定会合作愉快。"对方也会受到你的感染，从而更容易达成协议。

用热烈的行动增强你的热情。它通过外在的刺激，来改变你内心的消极状态，激发你的能量，从而表现出热情。比如在舞厅，你静静地坐在角落里，可能会无动于衷，但如果站起来加入其中，你就会自然而然地受到感染，你心中的热情之火就被点燃了。

挑战之心能够创造热情。你要向怯弱挑战，变怯弱为无畏；你要向不幸挑战，变不幸为幸运；你要向失败挑战，变失败为成功；你要向贫穷挑战，变贫穷为富有；你要向一切不满意的事物挑战，改变自己的命运，改变自己的世界。如果你有了挑战精神，你就会感到有一股力量在促使你不断前进，这是你永不服输的决心激发了你的热情。许多东西开始看起来是难以逾越的，但如果你勇敢地接受挑战，你就会发现它们并非想像中那么可怕，挑战之心同样会令你充满热情。

【狼性执行说】

杜里奥曾经说过：如果一个人失去了热情，那么这个人就立刻变得垂垂老矣。一个员工如果对自己的工作失去了热情，那么他的执行力就会受到很大的影响。即便他有能力去做好，也可能会出现拖拉、怠工的现象。

坚定的信念

无论前面的积雪有多厚
无论头顶的烈日多么难熬
无论脚底的石头多么尖锐
为了活下去
我都会一路追击
直到将猎物的脖子咬断为止
在狼的世界里
没有轻生一说
……

——【狼性宣言】

一条优秀的狼无论遇到什么样的困难，都有活下去的信念。在人类社会，经常会听到有些人对生活失去了信心，以至于丧失了生活下去的信念，选择自杀。可是在狼的世界里，只要有一丝的希望，它们就不会选择放弃，因为生活的信念从来就没有消失过。

其实不仅仅面对生活如此，面对执行也应该如此。一个项目，即便遇到了再大的挫折，只要尚存一丝成功的希望，我们就不应该放弃。在工作和生活中，谁都会遇到艰难坎坷、曲折磨难、痛苦彷徨、失意迷茫，甚至是失败的打击，但这些都不可怕，可怕的是失去支撑自己走下去的信念。

不管你的信念是拥有百万家财，还是为大众服务，你都必须坚信，它就是你的目标，你的目标就是对的。否则，你就会自己否定自己，自己打倒自己，自己摧毁自己！

假如你的信念够坚定,当你摔了跟头时,你不会气馁,而是立即爬起来,掸掸身上的尘土,为自己鼓劲,为自己喊"加油"!假如你拥有坚定的信念,当你获得一次微小的成功之后,你不会骄傲,更不会停止自己追求的脚步,而是对自己说:"我真棒!可是这只是一个小小的胜利,更大的目标在等着我呢!"假如你有坚定不移的信念,每当困难来临时,会自己给自己打气,用信念滋养勇气;当失败来临时,会自己给自己鼓劲,总结经验寻找新的挑战,而当机会来临时,你更要为自己壮胆,用知识和智慧,写下新的业绩。艾维斯·普雷斯利和斯维德伯格都是这样取得了最终的成功的。

在一次演出中的失误,经理开除了艾维斯·普雷斯利,并断言:"小子,你到哪儿去都不成!你应该回去开你那辆破卡车!"这位年轻的小伙子并不放弃,而是学会了自我批评,不断地改进自己的毛病,发奋努力,练习唱歌、摇滚。结果后来一举成名,成为美国最受欢迎的歌手,他就是摇滚乐的奠基人——猫王。

斯维德伯格上学时成绩很差,门门功课挂红灯。校长是他的亲戚,看他的学习成绩那么差,就有一种恨铁不成钢的感觉。一天,校长当着全班同学的面,指着斯维德伯格父亲开办的造纸厂,毫不留情地训斥道:"看着吧!120年后,这家造纸厂将会在你手上倒闭!"斯维德伯格感到羞愧难当,第二天,他就悄悄转了学。这次挫折,使他看到了自己的失败。他不断批评自己,为什么自己的学习成绩就这么差呢?生性倔强的他下定决心,要做出一番成就。在这个信念的支撑下,他从此发奋读书,后来成了举世仰慕的科学家,并在1926年获得诺贝尔化学奖。

从这些成功者的身上,我们可以看道,不是因为有些事情难以做到,我们才失去信念;而是因为我们失去了信念,有些事情才难以做到。任何成功都来自于坚定的信念。正是坚定的信念给他们带来源源不断的动力,无悔地追求自己的理想,最终实现自己的目标。

【狼性执行说】

在狼的世界里，没有死心、放弃一说。在它们心中，时刻都有着生存下去的坚定信念。如果一个企业的员工也能做到这一点，何愁企业的执行力不能提高、何愁这个企业不能获得发展？

不达目的不罢休的决心

> 只要我们认定的猎物
> 我们就一定要捕获到手
> 即便它们跑得再快
> 身体再强壮
> 头狼也会带领我们
> 不断地跟踪
> 不断地进攻
> 直到它
> 倒下为止
> ……
>
> ——【狼性宣言】

只要是狼群认定的猎物，无论如何，它们都会想办法捕获，虽然经历一次又一次的失败，但是它们的决定始终不会改变。因为它们知道，只有具备不达目的不罢休的决心，自己才能生存下去。

著名保险推销员法兰克·派特正是凭借着无比坚定的决心，创造了一个又一个奇迹。

在他还没有进入保险行业的时候，他是一名职业棒球手，对于那段经历，他自己回忆说："当时我刚转入职业棒球界不久，遭到有生以来最

大的打击，因为我被开除了。球队的经理对我说：'你这样慢吞吞的，哪像是在球场混了20年的。法兰克，离开这里之后，无论你到哪里做任何事，若不提起精神来，你将永远不会有出路。'

"本来我的月薪是175美元，离开之后，我参加了亚特兰斯克球队，月薪减为25美元，薪水这么少，我做事当然没有热情，但我决心努力试一试。待了大约10天之后，一位名叫丁尼·密亭的老队员把我介绍到新凡去。在新凡的第一天，我的一生有了一个重大的转变。我想成为英格兰最具热情的球员，并且做到了。"

"我一上场，就好像全身带电一样。我强力地击出高球，使接球的人双手都麻木了。记得有一次，我以强烈的气势冲入三垒，那位三垒手吓呆了，球漏接了，我就盗垒成功了。当时气温高达华氏100度，我在球场上奔来跑去，极有可能因为中暑而倒下去。"

"坚定的决心所带来的结果让我吃惊，我的球技出乎意料地好。同时，由于我的决心，其他的队员也跟着自信起来。另外，我没有中暑，在比赛中和比赛后，我感到自己从来没有如此健康过。第二天早晨我读报的时候兴奋得无以复加。报上说：'那位新加入进来的球员，无异是一个霹雳球手，全队的人受到他的影响，都充满了活力，他们不但赢了，而且是本赛季最精彩的一场比赛。'由于我那不达目的不罢休的决心，我的月薪由25美元提高到185美元，多了7倍。在后来的两年里，我一直担任三垒手，薪水加到当初的30倍之多。为什么呢？就是因为我的决心，没有别的原因。"

后来由于手臂受伤，派特不得不放弃打棒球。他来到了菲特列人寿保险公司当保险员，但刚开始时整整一年都没有成绩，他因此非常苦恼。后来他适时调整自己，想起当年打棒球时的情景，他又把当年的决心给找了回来，又对工作充满了干劲，很快他就成了人寿保险界的大红人。他说："我从事推销50年了，见到过许多人，由于对工作保持着坚定的决心，他们的收效成倍地增加，我也见过另一些人，由于缺乏决心而走投无路。我深信决心是成功的重要因素。"

由此可见，决心是做任何事的首要条件，任何人只要具备了这个条件，定能获得成功。而且坚定的决心是可以互相感染的，如果你始终以最坚定的状态出现在工作岗位，工作有效率而且有成就，那么你周围的人也一定会因此受到鼓舞，从而使整个团队更富有行动力。

让我们再来看看吉姆的经历，从他身上一样可以感受到具备坚定决心的重要性。

吉姆所在的汽车清洗公司，在美国整个加利福尼亚都非常有名，而吉姆正是这家店的经理。这家店是 12 家连锁店中的一个，生意相当兴隆，而且员工都高效而充满活力，对他们自己的工作表示骄傲，都感觉生活是美好的……

但是吉姆来此之前不是这样的，那时，员工们已经厌倦了这里的工作，他们中有的已经打算辞职，可是吉姆却用自己昂扬的精神状态感染了他们，让他们重新快乐地工作起来。

吉姆每天第一个到达公司，他每天都对自己说："我坚信我一定会成功，并且我一定要成功。"接着把自己的工作一一排列在日程表上，他创立了与顾客联谊的员工讨论会，时常把自己的假期向后推迟……

在他的影响下，整个公司变得积极上进，业绩稳步上升，他的精神感染了周围的一切，老板因此决定把他的工作方式向其他连锁店推广。

有决心，才能付诸行动，行动了，决心才能发挥作用！行动和决心是相辅相成，缺一不可的。

【狼性执行说】

在提升执行力的过程中肯定会遇到各种各样的阻碍，但是如果我们能像狼捕猎一样，具备不达目的不罢休的决心，那么，还有什么事情解决不了呢？提高执行力很简单：有一个目标，和一个不达目的不罢休的决心即可。

狼性执行
LANGXING ZHIXING

第十一章
前车可鉴，勿忘狼群血的教训

曾经有人说过：犯错误的目的就是为了不再犯错误。这句话无非是想告诉我们：在执行某项任务的时候，要记住前车之鉴，记住自己曾经的经验教训，不要在同一个地方摔倒两次。

这一点，白疤狼群也深深地领悟到了。因为，在白疤狼群的发展史上，也曾经付出过血的代价，那一次捕猎斑马的行动，足足损失了2条狼。对于一个总共才5条成年狼的小狼群来说，2条有生力量的丧失，无异于"晴天霹雳"。从此次事件之后，白疤狼变得更加成熟稳健了，不会因为一时冲动而让狼群遭受损失。

其实，很多企业之所以执行力不高，很多情况下是因为领导者没有对全局有一个清醒独到的认识。要么在方向判断上出现了问题，要么在执行程度上出现了问题，做了一些根本没有能力做到的项目。现在，就让我们转过头来看看一些发生在现实中，一些我们较为熟悉的企业，看看是不是如此，看看执行力的偏差会给企业带来怎样的负面影响吧。

制定正确的发展方向

对于我们来说
方向就是出路、就是命运
一个狼群
如果没有正确的方向
那么
总有一天会走向灭亡
……

——【狼性宣言】

白疤狼群为什么在这次捕猎斑马的行动中付出了血的代价呢？很关键的一点就是作为头狼的白疤狼没有选定正确的方向。虽然捕猎小斑马的目标没有错，但是在斑马群已经有所警惕的情况下，应该知难而退，重新寻找机会。可是白疤狼因为急功近利，下达了继续作战的命令。也正是因为这个命令，使得狼群失去了两个有生力量。

没有正确的方向便没有真正的执行力，不仅对狼群适用，而且对企业也适用。

任何一种理论都不能解决所有问题，如果没有正确的方向，执行也只能起到相反的作用。对于这一点西门子公司就有着十分清晰的认识。

在西门子公司有这样一条信念：绝不为短期利益而出卖未来。从创立公司时，技术创新就成为了西门子这辆巨型战车前进的动力。所幸的是，西门子的车轮并未陷入技术创新的泥潭，而是寻求新的运转动力。

1997年，西门子公司的领导者们定下一个很重要的目标就是：使历史悠久而行动能力稍显呆滞的"老牌战车"，变成动作敏捷的市场领导者。这种转变意味着在新兴市场中完全粉碎西门子传统的工程师形象。

"西门子正力求在变化市场中，及时地推出产品。"这种"应变式作战能力"正是西门子管理层盼望已久的理想状态。

2002年10月，西门子公司完成了一次大规模的重组，14个集团在7个大的业务领域发挥着主要作用。这次重主要针对的是电子电信业务。重组后，14个业务中的三个业务集团，即信息通信网络集团、信息与移动通信集团以及西门子行业应用服务集团成为征战全球电子电信市场的三支主力部队。公司预计，电子业的迅猛发展，加上电气工程领域的市场销售增长率也会继续高于整个行业的平均水平，将为西门子产生直接效益。

重组后的财报数据显示，西门子一半的收益来自电信市场，另一半则在其他领域平均分配，包括医疗领域、交通领域、自动化与控制的制造领域与发电、输配电的电力领域。贝殷思说，重组的意义在于根据顾客的需求和市场的变化重新确定自己的主营业务。西门子的灵活性也在其中得到了很好的体现。

这次重组的更重要意义在于，西门子在电子电气领域形成了更加完整的业务规模。西门子公司在信息与通信领域，能够为客户提供全面的解决方案，市场的细分也促使西门子的业务不断细化，不同的集团提供不同服务，彼此相加又形成规模性的完整业务集团，这使西门子能够以低成本获得规模性利润。

事实上，西门子为了在同一业务领域形成完善的"业务链"而进行的集团扩张式重组正变得越来越频繁。比如2002年西门子购买了阿尔斯通工业汽轮机业务，以补充其发电集团的业务短板，第二年，电力集团就成为西门子业绩增长最快的集团，2004年第一季度，该集团销售额和订单额又分别实现了7%和18%的增长，而订单额的增加幅度显示出该业务集团的近期利润增长前景。

由于西门子业务庞杂，只有获得同一行业市场的规模利润，才能减少市场波动的风险，更能发挥出技术优势。

公司的领导层将这种重组形象地称为西门子的"战略加减法"。加法是那些市场增长最快的、朝阳产业的主营业务。贝殷思认为："这种核心

业务的价值增长，可以保障西门子始终做正确的事，获得价值增长。从朝阳性产业获取规模性的价值，使我们看到这个庞大的公司还在控制之中。否则，很难从核心业务中找到优势。"

同样，金佰利-克拉克公司也是深刻地明白正确的方向对于执行力所起到的作用。

金佰利-克拉克（Kimberly-Clark）是仅次于宝洁（Procter & Gamble）的美国第二大家庭和个人护理产品的生产商，并且在世界纸业界中有着特殊而且非可小觑的地位。

自1872年成立以来，金佰利已发展成为"财富"全球500强企业之一。现在，它在全球主要集中做三项核心业务：个人健康护理产品、消费者用纸巾产品、非家用类产品。但其实，金佰利最显赫的业绩都在纸业上面，它是全球最大的纸巾生产厂家，而且还是世界上家用纸类、无纺布及吸水体方面技术的创始者，在制纸业的发展历史上拥有众多的发明成果和世界首创。许多世界著名纸制品品牌都出自金佰利公司，如舒洁（Scott）、好奇（Huggies）、健力士（Kleenex）、高洁丝（Kotex）等都已在全球150多个国家中成为家喻户晓的名牌产品。

在二十世纪五六十年代，金佰利由于墨守成规，业绩并不理想。但是，就在宝洁宣布进军纸后不久，1971年，一个名叫史密斯的人当上了金佰利的首席执行官。走马上任后不久，史密斯便做了一个非同寻常的决定：卖掉纸浆厂，而转身投入到消费类用纸这一行业中来。这一决定和宝洁在纸业的发展方向不谋而合，也就使得金佰利必须直接面对宝洁这一世界级的竞争对手。

从史密斯的下一任韦恩·桑德斯开始，金佰利就开始改变与宝洁的竞争格局。桑德斯不仅在1995年以94亿美元收购了曾被宝洁一击即溃的斯科特造纸公司，还进一步集中业务，把重点都放在卫生纸、个人保健用品和健康用品这三个领域上面，从而扭转了局面。

在局面转好的情况下，金佰利面对宝洁的竞争就更是信心十足了。桑德斯也曾经表示，金佰利不可能找到比宝洁更好的对手，但是即使在金佰利最困难的时候，这个竞争对手（宝洁）都没有做出漂亮的事情来，那就给了金佰利一个继续扩展市场份额的良机。金佰利利用收购得来的舒洁纸巾对宝洁 Bounty 牌纸巾的阻击便是打了一个漂亮的反击战。

因此，企业一定要制定正确的发展方向，才不至于走向失败的深渊。

【狼性执行说】

如果方向出现问题，即使执行力再强，也只能是南辕北辙、加速走向失败而已。对于企业领导者来说，这一点尤其要注意。

"执行"的痛苦

生存的延续是快乐的
而捕猎的过程是艰苦的
如果能用一时的痛苦
来换取
一世的快乐
那么
我们愿意
……

——【狼性宣言】

毫无疑问，白疤狼群在执行"捕杀斑马"的任务时是非常艰苦的，也是非常困难的。这不仅仅是因为白疤狼发出的指令是错误的，还在于要想冲破成年斑马群，猎取小斑马这件事情并不简单。所以，白疤狼群才付出了血的代价。

对于许多企业来说，执行都是痛苦的。并不是因为找不到方向，而是因为想要推动它进行下去，是一件十分困难的事。对于那些风光无限的超级企业来说，你也许会认为他们不存在这样的痛苦，那么你就彻底错了。像 IBM 就曾经承受过执行的痛苦。

在 1981 年 8 月 12 日，IBM 发布第一台 PC。到 20 世纪 80 年代中后期 PC 业务成为 IBM 业务中最大的营收和盈利部分之一，在到 ThinkPad 成为 IBM-PC 品牌中的最核心的部分，IBM-PC 曾经为 IBM 公司创造过一个又一个辉煌。美国《时代周刊》称："IBM 的企业精神是人类有史以来无人堪与匹敌的。"

"没有任何企业会像 IBM 公司这样给世界产业和人类生活方式带来和将要带来如此巨大的影响。"就连比尔·盖茨也不得不承认："IBM 才是计算机行业的真正霸主，毕竟是它一手栽培了我。"然而，就是这样一个巨人，在 PC 领域却败得如此之惨，从某些得失的现象中，人们也许能够窥见些什么。

IBM 是一家非常典型的美国公司，美国的一些高层管理者很容易用美国人的眼光看待和解决区域问题。IBM-PC 并没有按照"Think Globally, Act Locally"——"以全球观思考，以本地观执行"的市场营销理念去执行。IBM-PC 的全球策略几乎是无可更改的"圣旨"，而每个区域只有绝对地服从和遵照执行的权力。

随着一个区域的 PC 业务上涨，IBM-PC 美国总部似乎更愿意直接参与到这个区域的管理和控制中，他们给区域的权力和灵活度越来越少。他们对于自己制定的方针、政策总是希望区域能够照搬全收、不走样地执行。这样一种营销管理思路根本没有办法应对联想的灵活多变、HP 的跟踪和模仿以及 Dell 的速度和效率。

在营销传播推广上，美国总部的工作指令过多地"指导"、干涉、控制 IBM-PC 区域。他们错误地认为在美国成功的东西在其他区域一样可以得到成功。

IBM 公司是第一个高举整合营销传播大旗的 IT 公司。但是 IBM 所推行的"整合营销传播"在很多时候只不过是僵化的、教条的形式主义。在 IBM 的公司文化和管理体制下，整合市场营销传播没有发挥它应有的效率。IBM 的各个经营部门还是以我为主、各自为战。整合营销是为了更好地整合内部营销资源、减少重复和多余的市场营销推广行为，形成统一一致的传播声音，使有限的内部资源发挥到最大。这种看似非常完美的整合营销行销传播理念在 IBM 并不像想象的那样完美和有效率。IBM 有一种自上而下推行的进行市场营销计划的程序，就是针对整合营销中的各种问题而设定的。它可以提醒制订市场营销推广计划的计划者和执行者非常认真地全面考虑所有营销中的各种问题，产品的、渠道的、价格的和推广的。它是一个非常好的营销思考过程和计划模式。但是由于这个程序在监督、管理和执行层面上的太过繁琐与复杂，从一个市场营销推广计划的制订、审批、到实施需要提前三个月甚至更长的时间。而按照 PC 生意的规律，三个月后市场情况早已发生变化了。这样一种市场营销计划方式完全没有办法适应 PC 生意的快速多变的节奏。IBM 的全球广告代理公司奥美广告公司在管理模式上与 IBM–PC 也基本相似，奥美公司也同样没有给奥美团队更多的灵活度和自主权，使得奥美广告与 IBM–PC 配合的团队做起事来畏手畏脚，不能够越雷池半步。比如，所有 IBM–PC 的广告稿件包括文案、版式设计和内容都要经过 IBM–PC 亚太区地和奥美的亚太区共同的审核和同意才能发布。在这样一种双重管理的体制下，奥美团队和 IBM–PC 的营销推广团队都耗费了巨大的时间来和亚太区沟通，人为的工作量搞得所有人筋疲力尽，执行效率十分低下。整合营销传播没有发挥其应有的效率，也没有能够真正帮助到 IBM–PC！

从 IBM–PC 的失败中我们可以看出，让执行丧失效力的原因有很多，其中高层过分的干预与战略思想的僵化更是导致许多企业执行力不彰的重要因素。IBM–PC 的失败就是如此，它与 IBM 公司的内部管理和战略思想有着直接的和密不可分的关系。

【狼性执行说】

在执行的过程中，往往伴随着痛苦，执行的误区似乎无处不在，企业的领导者们只有把握正确的方向，用清晰的战略思维作为依托，才能够发挥出企业的执行效率，最终为企业在市场中赢得坚不可摧的竞争力。

不要下达超出能力的执行命令

我们是狼
不是神
我们的牙齿再锋利
也咬不断大象的脖子
我们的力量再强大
也不敢和狮子对抗
我们只有正确定位自己的位置
明白自己能做什么
才能切实执行
……

——【狼性宣言】

白疤狼群在捕杀小斑马的过程中，犯了一个非常致命的错误：超出自己的能力范围之外。仅凭借白疤狼群的5条狼，要想猎杀一匹斑马，其困难程度是可想而知的。可是白疤狼没有意识到这一点，为了捕获猎物而捕获猎物，最终造成了悲剧。

其实，这样的悲剧在很多企业同样上演。我们都知道，执行力是指企业实现目标的能力，它是以结果为导向的管理实践活动，是组织中战略流程、人员流程、运营流程的完美结合。在经济全球化的时代背景下，越来越多的企业开始关注有关执行力的问题。然而不幸的是，即使是在今天，执行效率的低下和不切实际的目标仍然是企业管理中的黑洞，它消耗了企业的大量资源和时间，增加了不稳定的因素和矛盾，不仅使得目标无法实现，还危及到了组织的兴衰存亡。以下从全录公司与朗讯科技公司的案例中，我们可以深刻地体会到这一点。

1997年全录公司邀请了托曼（Richard C. Thoman）担任公司的营运长，希望能够使公司摆脱旧有的低效率，迎来新的增长。托曼曾经是IBM的财务总监，他的思考能力算得上是近年来美国大公司领导人中的顶尖者，也是深受敬重的策略专家。

托曼进入全录后被赋予的任务就是进行改革，而他在任职期间也的确推动了无数削减成本的方案，包括裁员以及缩减红利、津贴与出差费用等，同时，他还为一项新策略做奠基的工作。1999年4月，当董事会将他晋升为首席执行官后，托曼便开始着手进行这项改革大计，希望将全录由一个提供产品与服务的公司转型为解决方案提供者（Solutions Provider），即结合软件、硬件与服务，并与微软及康柏等公司形成伙伴关系，建构起整个系统，以协助客户整合书面文件和电子信息。

对一个急需美好愿景的公司而言，这项提案无疑相当振奋人心。在1999年股东年度大会上，托曼告诉投资人，全录已经"蓄势待发，准备迎接下一波辉煌的成功"，同时预测该年的盈余增长可达15%至20%。投资人颇为认同这一乐观的看法，使公司股价创下历史新高。

然而实际的情况是这一美好愿景根本就与现实脱节。全录几十年来一直存在着严重的执行问题，因此，托曼设想的改革已经超出了公司所能够承受的范围。例如，在公司调整业务重心的初期，托曼实施了两项重大的方案，而且两者的难度都非常高。其一是要将公司九十几个处理会计、单据、客户服务安排到行政中心，整合简化为四个；其二是重组为数约三万的行销人员，其中半数左右将由原先的地区导向转为产业导向。这两项改革都具有其必要性，同时也都很重要。因为，整合行政作业可以降低成本并提升效率，而重组行销人员则可为新策略的核心奠定基础，顺利地由硬件供货商转型为提供全套解决方案的企业。然而到了当年年底，全录的状况却是一团混乱。

在行政作业转型期间，发货单迟迟未能开立、订单遗失、客户的要求也无人理会。另一方面，业务代表在处理混乱状况之余，还得适应新组织与新的销售方式。其中有不少人被分派了新的客户，还得忙着重新建立关系，可想而知，这样的做法令许多长期的忠实客户产生了不满的

情绪。公司的士气也由此受到了严重的打击。更糟的是，来自营运的现金流量变成了负值，投资人开始担心全录财务的健全性，公司的股票由64美元暴跌至7美元。公司不得已只好出售部分业务以应付现金需求。终于，托曼的改革计划完全失败了。

如果分析全录公司改革失败的原因，我们可以看出同时推动两项如此庞大的方案，是导致公司战略失败的主要因素。因为，这两个方案的其中任何一项对公司都是沉重的负荷，它完全超出了公司执行能力的范围。这样做只会让原有的问题更加恶化。当企业进行重大改革时，应特别注意把适当的人才安置在关键的职位上，同时必须强化核心流程，以化解员工的反抗，确保计划的执行。然而，对全录而言，这两项基本条件都没有得到满足。而朗讯科技也是犯了同样的错误，超出了执行的能力范围。

朗讯科技公司是一家致力于为全球最大的通信服务提供商设计和提供网络支持的公司。它以贝尔实验室为后盾，充分借助其在移动、光、数据和语音技术以及软件和服务领域的实力发展下一代网络。公司提供的系统、服务和软件旨在帮助客户快速部署和更好地管理其网络，同时面向企业和消费者提供新的创收服务。

朗讯科技公司总部位于美国新泽西州茉莉山，是全球领先的通信网络设备提供商，在面向服务提供商的互联网基础设施、光网络、无线网络和通信网络支持及服务领域牢牢占据领先地位。

1996年，朗讯科技宣布由麦克金担任执行长时，得到了各方的一致看好。麦克金是位行销高手，他以平易近人的方式向投资界解说公司光明的愿景，也承诺营收与获利都将会得到更大的成长。由此当时的市场气氛极度乐观，因此，公司董事会与投资人都未曾对麦克金的承诺表示质疑。由于合并了自美国电话电报公司分割而出的西方电器（Western Electric）与贝尔实验室（Bell Lab），朗讯在1997年决定专注于日益蓬勃的电信设备市场，涵盖范围由一般电话到交换网络及传输设备。有了贝尔实验室作为后盾，它在研发资源上的实力可以说是无人能敌。

但令麦克金没有想到的是，在公司内部的执行上他遇到了重重的阻碍，最终因为没能实现当初的承诺而于2000年10月离开了公司，由原已退休的夏克特重新回到了公司。

接任的夏克特毫不留情地指出："我们已经超过了自己的执行能力。"随着电信业泡沫的破灭，几乎每家业内企业都无法幸免，不过朗讯却更早就开始走下坡路，而且衰退的情形也比竞争对手更严重。在市场技术更新尤如因特网一般快速时，麦克金却未能扭转西方电器反应迟缓的官僚化文化。朗讯的组织结构过于累赘，财务控制系统又不够健全。举例来说，主管拿不到依据客户别、产品别或通路别来划分的获利数据，所以在资源配置上便难以制定良好的决策。虽然属下曾要求麦克金改善这种情况，结果却徒劳无功。他也无力去管理那些绩效不彰的主管，或是请到如思科（Cisco）与北方电讯（Nortel）等竞争对手那样行事果决的主管。

基于上述种种原因，朗讯一直未能在新产品的开发技术上达成阶段性目标，错过了市场好景乍现的最佳时机。公司投下大笔资金安装思爱普（SAP）的商用软件，透过同一平台将公司各个部分连结起来，可是由于工作流程并未配合修正，结果大部分的投资都白白浪费了。公司在头两年尚能达成财务目标，这是受惠于客户间掀起前所未见的资本投资热潮。不过，当时营业收入的一多半来自老式的语音网络交换机（Voice - network Switch），其成长前景并不能持续长久。而且在这股热潮消退之前，公司在达成麦克金的承诺上，便已经显现出了疲态。如果领导人对公司有更全面的了解，就不可能会设定如此不切实际的目标。朗讯并未生产当时市场需求最殷切的产品，如指引因特网连结的路由器（route），以及具有宽频与高传输量的光纤设备。虽然贝尔实验室已对这两项产品进行研发与上市的工作，但公司的需求从速度上却限制了它们的上市。

朗讯在路由器与光纤设备两项产品上丧失先机，大多数人认为是公司策略的失当。然而事实上，它恰恰显示出了执行与策略之间具有的密不可分的关联。1998年，朗讯曾与裘尼佩网络（Jurllper Networks）洽谈收购事宜，但后来却决定自行研发。执行的关键是要了解自己的能力，而朗讯当时并没有能力及时推出这项产品，而问题的结症所在正源

第十一章　前车可鉴，勿忘狼群血的教训

于此。

再者，朗讯在疯狂扩大营收的做法下，同时往太多方向发展。这使公司增添了一大堆无利可图的产品线，同时还收购了一些本身业务无法捏合的公司。这些收购来的公司中有不少主管因无法适应朗讯的官僚文化而离开，使得这些收购而来的公司很难经营下去，成本如脱缰野马般飞涨，加上人力扩增五成左右，达到十六万人之多，导致资源闲置，成本偏高，也降低了公司前景的能见度。

朗讯失败的结局早在电信市场崩盘前，即已提前出现。受到不切实际的成长目标的压力，员工各行其事，无所不用其极。销售人员对客户提供超额的融资、信用与折扣，还答应收回客户卖不出去的设备，甚至在产品刚运往经销商时就登录为销货。其结果是资产负债表令人惨不忍睹。就以1999年为例，公司的营业收入虽然增长20％，但应收账款却以两倍的速度暴增至一百亿美元以上。公司因为受到大手笔购并案的融资所拖累，累积了巨额负债，濒临破产边缘。在情势所逼下，公司不得不以贱价出售本身的业务。

朗讯和全录公司的案例都说明了在制定企业战略时，如果超出了企业执行能力的范围，那么这样的战略是不会获得成功的。不仅如此，公司的发展前景还有可能会因为执行的不利而蒙上一层阴影。

前车可鉴，当我们在知晓了白疤狼群之所以付出血的代价的原因和一些现今的企业因为同样的问题无法提升自我的执行力，从而导致企业陷入困境之后，或许会让我们清醒地认识到了一点，那就是当我们在建筑具有强大的执行力企业时，应该注意到，必须拥有一个正确的发展战略目标，并且这一目标要能够让身处在企业中的成员认同，这样才能够使得员工自动自发地去执行。

【狼性执行说】

做任何事情，都得有一个中庸之度，执行也是如此。超出能力的执行、违反规律的执行都是不能获得成功的。企业领导者在下达执行命令的时候一定要意识到这一点，切不可因为自己一时的意气用事而犯错。

狼性执行
LANGXING ZHIXING

第十二章
主动执行，实现团队目标

在狼的身上展示着一种绝对的战斗精神，可以说战斗是狼生命的本质。每一条狼只能通过战斗决定其在狼群中的地位，而且每一个狼群也只能通过战斗才能获得保障其生命存活的食物。除此之外，它们还要与天斗，与地斗，与人斗。毫不夸张地说，如果想在地球上留下自己生命的足迹，那么狼群就必须时刻保持战斗的精神，做好战斗的准备。

狼的这种战斗精神同样也给现代团队很大的启示，那就是要想实现团队目标，就必须像狼一样主动行动，征服自己，超越对手。当今社会复杂多变，我们只有冷静客观地分析情况，并果断采取措施，坚定地付诸行动，才能向目标成功迈进。

有效执行，提高团队竞争力

狼群之所以能够称霸丛林
驰骋草原
凭借的是团结协作的精神
更重要的是它们的执行力
……

——【狼性宣言】

在任何时刻，狼都不会让自己处于被动的局面，它们总是想方设法让自己在行动上处于主导地位。在每一次的团队战斗中，每一只狼都会主动执行，并使每一次行动都产生积极的作用，从而提高狼群的竞争力。

如果以一一对应的方式将狼群的成功对应到现代团队中，那么狼群的行动力就意味着团队的执行力，如果一个团队不能有效地执行或者执行力较弱，那么团队的竞争力便不会增强。许多团队或企业制定了很好的发展战略，但最终却以失败告终，这主要是因为他们在重视战略的同时忽视了执行力。发展战略是企业成长的最主要动力之一，企业无论大小都需要发展战略，无论发展战略的具体内容如何，它的基本目标都非常简单——为企业赢得更多的客户，建立起一种可持续的竞争优势，同时为股东赢取足够丰厚的回报。

发展战略定义了一个企业的发展方向，并为此做好了充分的准备。但是，战略再美好，如果得不到有力的执行，同样是无法达到预期目标的，所以只有坚定地执行才能使战略付诸实践。执行力是将资源转化为推动企业成长的力量；在能力与执行力之上，企业能够获得全新的竞争优势，并把它持久地保持下去。

1999年，三星电子将战略定位于"数字融合革命"。当时正值三星电子的30周年庆典活动，三星电子宣布了其在未来成为"数字融合革命的一个领导者"的计划。按照这个计划，公司开始了三星电子的"数码战略"，以实现三星领导数字集成革命的目标。

在这个数字融合时代，消费电子、信息、电信产品、电视机和PC机以及在线和离线的世界都将融合在一起。三星之所以敢于提出这场"数字融合革命"，凭借的不仅是其在消费电子、电信和半导体方面都处于领先地位，更重要的是公司拥有出色的经销执行力。

为了迎接这场革命，三星公司进行了大规模的结构改组，裁撤掉很多不稳定的企业后，员工由47000人迅速滑落到38000人。精简结构之后，公司的优势结合更加紧密，极大地强化了核心竞争力。随后，公司强大的经销执行力发挥了决定性作用。

为了配合"数码高附加价值"的新定位和统一的品牌形象，三星电子设计出"自上而下"的市场行销策略，将一些高档的欧洲和美国市场作为一级战场，建立新的三星数码形象，以一整套市场行销战略支撑起公司的整个品牌定位。当市场行销有了运筹帷幄的策略、掌握了整合的资源之后，执行力的强弱成为一切战略能否有效贯彻的关键。

为了让个体营销活动真正体现整个公司的品牌定位，三星为新雇员设计了长达近400页的电子课程，帮助员工了解市场营销的背景知识、公司的市场战略和品牌原则。此外，针对日新月异的市场，公司还设计了一套新的数码科技的商业执行原则：要能够抢先观察市场变化，比竞争对手先动手研发，压制竞争对手，抢先占领市场。

经过了一系列的充分准备，确定了市场营销定位与战略之后，三星公司的所有部门全部出动，帮助市场营销部门实现战略付诸实施的转化。从产品开发、设计、广告到销售渠道，三星公司的每一

个部门甚至每一个员工都或多或少地参与到了市场营销的活动之中。比如：发展和研发部门合作，针对年轻女士首次推出具备双屏幕显示的超轻型手机，以它更炫更酷的外形设计及人性化的功能设置很快占领了手机高端市场；同时，在销售渠道的选择方面，三星严格保持与产品的定位相吻合，为了保持其高附加值的品牌定位，三星甚至拒绝大型零售超市沃尔玛作为其分销商的要求；广告部门设计了新的"Anycall"推广活动，共同打造出每个人都可积极参与、随时随地接听与使用的高端手机形象。

通过建立跨部门的管理体系，三星电子调整了市场资源与工作，从而整合起全公司的营销资源。

当你在为自己的执行力感到力不从心时，动物界的强者——狼，用最简单、最通俗的方式告诉了我们一切关于强化执行、领导有方的核心法则。有效执行的狼性法则，狼的自下而上之道，就是有效执行的真谛。执行是企业核心竞争力的重要内容，是连接组织的战略与目标实现之间的桥梁，是实现企业战略目标的保证。执行不是简单地把任务完成，而是一套非常具体的行为，还必须要有一套完整的过程——战略、人员、运营流程。而三星就很好地做到了这一点。

正是凭借其有效的执行力，三星电子公司才能成为电子市场的一个霸主，占据着重要的领导地位。可以说，是坚定的执行力决定了三星的团队竞争力。

正因为如此，具备执行力与行动力的员工是现代团队与企业所热切需要的。

梅芯和沈丽是新进入公司的两名工程师，公司安排她们前六个月早上听课，下午完成工作任务。梅芯每天下午都把自己关在办公室里，阅读技术文件，学习一些日后工作中可能用得着的软件程序，当有的同事手头忙请她暂时帮会儿忙时，都被她谢绝了："对不起，这不是我的工作。你的工作应该靠自己完成。"

她认为，自己最关键的任务就是努力提高自己的技术能力，并向同事及老板证明自己的技术能力如何出色。而沈丽除了每天下午花三个小时看资料外，她把剩余的时间都花在向同事们介绍自己和询问与他们的项目有关的一些问题上了。当同事们遇到问题或忙不过来时，她就主动帮忙。当所有办公室的PC都要安装一种新的软件工具时，每个工作者都希望能跳过这种耗时的、琐碎的安装过程，沈丽由于懂得如何安装，她便自愿为所有的机器安装这个工具，这使得她不得不每天早出晚归，以不影响其他工作。包括梅芯在内的部分同事都把沈丽看做傻瓜。

　　实际上，沈丽不仅在实践中提高了自己的技术能力，还拓展了自己的人脉。六个月后，梅芯和沈丽都完成了工作安排。她们的两个项目从技术上讲完成得都不错，虽然梅芯稍显优势，但是经理却认为沈丽表现得更出色，并在公司高层管理人员会议上表扬了她。

　　梅芯听说后，一时想不开，就去经理办公室问经理，为什么受到表扬的是沈丽而不是自己！经理说："你不来我也会找你的。因为沈丽是一个有主动性的工程师，善于为别人提供帮助，能够承担紧急的任务，也就是说，能够承担自己工作以外的责任，愿意承担一些个人风险，为同事和集体做更多的努力。而你呢？"梅芯禁不住红了脸，低下了头。

　　经理接着说："你却是一个独行者，不愿与同事分享你的能力，只是能够坚持自己的想法或项目并很好地完成它。"

　　从经理办公室出来，梅芯心里还是有些不服气，她还是坚持认为自己更具有主动性，因为没人要求她收集最新的技术资料或学习最新的软件工具，但她做到了，所以她可以把他的工作完成得比别人出色。她想：还是靠业绩说话吧，只要我的业绩出类拔萃，总该比别人先得到晋升的机会吧。

　　结果年底沈丽凭借自己的工作业绩和工作中表现出来的主动性被晋升为主管，而业绩同样优秀的梅芯却与晋升失之交臂。

经过这次事件，梅芯终于明白了一个道理：主动性并不仅仅意味着如何使自己的工作更出色，对于优秀工作者来说，主动性意味着在工作之余，做一些事使更多的人受益。从此以后，梅芯开始学着像沈丽那样去做事，积极展现主动性的一面，从而避免了在公司不久后的一次裁员中被裁掉，因为公司裁员首选的就是那些缺乏主动性的雇员。

无论是从个人还是团队角度出发，主动执行始终是个人与团队发展所需要的。著名的贝尔实验室和3M等公司通过研究发现，主动性是最能体现优秀工作者与普通工作者差异的一个方面，而一个优秀工作者是从以下五个方面来体现主动性的：

（1）承担自己工作以外的责任；

（2）为同事和集体做更多的努力；

（3）能够坚持自己的想法或项目，并很好地完成它；

（4）愿意承担一些个人风险来接受新任务；

（5）他们总站在核心路线旁。核心路线是公司为获得收益和取得市场成功所必须做的直接的、重要的行为，工作人员首先必须踏上这条路线，然后才能为公司作出贡献。

由此可见，团队要想提高竞争力，就一定要最大可能地选择那些具有主动性的员工，并且在工作中，注重培养员工的主动积极性，这样就能提高员工的有效执行能力。

【狼性执行说】

竞争力是一个人、一个团队的生命所在，没有了竞争力，那么他就失去了在社会上赖以生存的能力。所以，提高竞争力便成为个人与团队奋斗的关键，而要提高竞争力，就只有主动行动，有效执行。

行动是金，用行动战胜挫折

你见过遇到挫折后萎靡不振的狼吗
你见过面临困难时选择逃避和放弃的狼吗
我相信绝大多数人的都会回答"没有"
的确，因为这样的狼是根本不存在的
……

——【狼性宣言】

狼在遇到困难和挫折时，想到的从不是逃避，更不是放弃，而是积极的行动。因为它们明白，只有行动才能帮助自己渡过难关，逃避或放弃只会让自己处于更加不利的处境，也会给对手创造了更加有利的消灭自己的时机。所以在挫折面前，狼从不退缩，而是用自己的智慧果断地选择行动。

人们常说："决定是银，行动是金。"因此也只有行动，才能战胜挫折，理想才能够变为现实；只有行动，才能让自己一步步接近成功；只有行动，才会有结果。而这也正是成功者与失败者的区别。

一位伞兵教练曾说："跳伞本身真的很让人难受，只是等待跳伞的一刹那，在跳伞的人各就各位时，我让他们'尽快'度过这段时间。曾经不止一次，有人因幻想太多可能发生的事而晕倒。如果不能鼓励他跳第二次，他就永远当不成伞兵了，跳的人拖得越久，越害怕，就越没有信心。"任何一次成功始于心动，但要成于行动。一位记者在对一位成功人士采访时问道："你这么成功，曾经遇到困难吗？"

"当然！"他说。

"当你遇到困难时如何处理？"

"马上行动!"

"当你遇到经济上或其他方面的重大压力时呢?"

"马上行动!"

"在婚姻、感情上遇到挫折或沟通不良的话呢?"

"马上行动!"他还是说。

"在你人生过程中遇到困难都这么处理吗?"

"是的!"对于记者的采访,成功人士只有一个答案,那就是马上行动,因为他懂得只有行动才是战胜挫折的唯一方法。人生,并不是绚烂多姿的朝霞,它是由痛苦、磨难、幸福、快乐的丝线共同织成的一张网。当遭遇挫折时,我们不要气馁消沉、不要埋怨。这时,只要行动就能改变你的现状,相反,如果你一味地埋怨,或者幻想,那么,即使你处在有利的环境中,你也无法获得成功。

在美国,有一位名叫西尔维亚的女孩,她父亲是波士顿有名的整形外科医生,母亲在一家声誉很高的大学担任教授。她的家庭对她有很大的帮助和支持,她完全有机会实现自己的理想。从念大学开始,她就一直梦寐以求地想当电视台的节目主持人。

她觉得自己具有这方面的才干,因为每当她和别人相处时,即便是陌生人也都愿意亲近她并和她长谈。她也知道怎样从人家嘴里"掏出心里话"。她的朋友们称她是他们的"亲密的随身精神医生"。她自己常说:"只要有人愿意给我一次上电视的机会,我相信一定能成功。"

但是,她为达到这个理想而做了些什么呢?事实上她什么也没做。

她一直在等待奇迹出现,希望一下子就当上电视节目的主持人。这种奇迹当然永远也不会到来,因为在她等待奇迹到来的时候,奇迹正与她擦肩而过。

一位寓言家曾说:"理想是彼岸,现实是此岸,中间隔着湍急的河流，行动就是架在两岸的桥梁。"在现实中，很多人缺乏的正是这种立刻行动的能力，他们有着最伟大的梦想，也有着切实可行的计划，但结果往往因为没有行动而只能让这些理想停留在幻想阶段。如果一个人养成了这样的习惯，无论他加入任何一个团队，都很难为这个团队做出奉献，相反，团队目标的实现很可能会因为他的不执行而中断。

所以，团队需要的正是对理想信念坚持不渝并立刻付诸实践行动的成员，只有这样，团队与个人才能一步步接近所追求的目标。而这种立刻行动的精神也正是"二八"定律产生的关键：百分之八十的是普通人，却只占社会总财富的百分之二十，这部分人没有多少自由支配的时间，财富也由别人所掌控；而另一部分人虽只占百分之二十，他们拥有的财富大大超出人们的想象，占有着百分之八十还要多的社会财富，他们是真正富有的人。

在百分之八十的人当中，不乏真正聪明、有远见、有智慧的人，但为什么他们却成为了被别人支配的人呢？其实理由很简单，就是因为他们在遇到一些挫折时就打退堂鼓，不去立刻行动，即使在顺境，也并没有把自己的远见和智慧转化成现实的行动。所以，他们虽然有足够的时间，却没有足够的财富，只能在别人的支配下生活。

人的一生有太多的等待，在等待中，我们错失了许多的机会，在等待中，我们白白浪费了宝贵的光阴；在等待中，我们由一个英姿勃发的青年，变为碌碌无为的中老年，我们还在等待什么？让今天的事今天就做完，现在要做的事马上就动手，成功属于立即行动的人。比尔·盖茨说："想做的事情，立刻去做！当'立刻去做'从潜意识中浮现时，立即付诸行动。"

在任美国全国国际销售执行委员会七个执行委员之一时，斯通曾作为该会的代表走访了亚洲和太平洋地区。在一个星期二，斯通给澳大利亚东南部墨尔本城的一些商业工作人员做了一次鼓舞立志的谈话。

这次谈话结束后第二个星期四的晚上,斯通接到一家出售金属柜公司的经理意斯特打来的电话。电话中传来了意斯特激动的声音:"发生一件令人吃惊的事!你会同我现在一样感到振奋的。"

"把这件事告诉我吧!发生了什么事?"斯通饶有兴趣地问道。

"我的主要确定目标是把今年的销售额翻一番。但令人吃惊的是:我竟在48小时之内达到了目标。"

"你是怎样达到这个目标的呢?"斯通问意斯特,"你怎么把你的收入翻一番的呢?"

意斯特答道:"你在谈话中讲到你的推销员亚兰在同一个街区兜售保险单失败而又成功的故事,记得你说过,有些人可能认为这是做不到了,我相信你的话,我也做了准备。我记住你给我们的自我激励的警句,'立刻行动!'我就去看我的卡片记录,分析了10笔死账。我准备提前兑现这些账,这在先前可能是一件相当棘手的事。我重复了'立即行动!'这句话好几次,并用积极的心态去访问这10个账户。结果做了8笔大买卖,发扬积极心态的力量所做出的事是很惊人的——真正的惊人的!"

这就是立即行动的力量。不管任何人只要存有这个信念,付诸行动定会收到意想不到的成功。可是有些人总是等到自己有了一种积极的感受再去付诸行动,这些人其实在本末倒置,积极行动会导致积极思维,而积极思维会导致积极的人生心态,心态是紧跟行动的,你的内心怎样想,你就会采取怎样的行动,也就会产生怎样的结果。

有句话说得好,行动是金,任何美好的蓝图如果不能付诸行动,不用行动去实现它,那么它只不过是停留在一张纸上的一幅画而已,除了一点点的欣赏价值外,没有任何的意义。只有行动才能将这一切变为现实。

【狼性执行说】

虽然行动并不一定能让狼群获得食物，但如果不行动，它们将永远得不到食物，那么狼群就只有面临饥饿的威胁，甚至是生存的威胁。只有行动，才能实现自己的理想，达到自己的目标。

灵活行动，实现可持续发展

狼群是一个坚不可摧的团队
同时也是一个灵活行动的团队
在执行每次的围捕计划时
狼群都会根据所面临的状况而及时调整自己的战略部署
……

——【狼性宣言】

狼群的灵活性同样是现代团队实现其可持续发展所不可或缺的因素。任何时候，任何团队，只有适时地灵活变通才能实现其可持续发展。如今的政府与企业相比，管理人员相对繁多，而且冗杂，其人员办事过于复杂拖沓。但企业单位管理人员虽少，却能及时灵活地采取行动。这正是优秀团队的主要特色。

一个优秀的团队，不论其组织有多庞大，它却并未因为过分复杂而停滞难行。它们从不屈服，也从不创设任何永久的组织。它们从不沉溺于长篇大论的公文报告，也不设立僵化的组织结构。它们深信人一次只可能处理少量信息，并且一旦意识到自己是独立自主的，他们就会大受鼓舞，其工作积极性也大大提高。

有的公司在做一件事之时，往往一道命令的下达至完成要经过十几道程序，所以，一般公司内常有的抱怨是其组织过分复杂，这样的公司

缺少灵活和随机应变的机智。而一个团队要持续地发展，不断地壮大，就必须培养成员灵活的应变能力。

1943年初，盟军决定对欧洲大陆发动一次大反攻，要想结束欧洲战争，就要尽快打败德国法西斯。

为了了解德国在大西洋沿岸防御系统的情况，盟军除了依靠截取无线电和空军侦察以外，还派了很多情报人员潜到敌后，以便搜集情报或窃夺资料。勒内·迪歇就是在法国的一个秘密抵抗组织的成员，他也是一名油漆匠。

1943年5月初，里昂市政府大楼外边贴出一张布告，要招聘工人，修理"托特"公司的总部。"托特"是德国一家承包军事工程的企业，现在正负责修筑防御工事。迪歇认为这是窥探"托特"公司的秘密及其相关工程的好机会，就决定前往应聘。他发现有一件活计是给公司技术部的工头办公室裱糊墙壁。他就到那里去求见工头施内德雷尔。施内德雷尔同他一起商量并选定了所喜欢的图案后，就让他次日正式准备工作了。

第二天，迪歇按照约定时间来到办公室，那个工头正坐在办公桌前，桌上摆着几张图纸。迪歇一眼就看见最上面的一张是诺曼底沿海一带的地图，上面印有"特别施工计划，绝密"的字样。

施内德雷尔对他作了一些布置和吩咐后，并没有在意些什么，就去参加一个会议了。迪歇明白这是一个千载难逢的良机，他果断地把地图拿起来卷好，藏到办公室里一块两英尺见方的镜子后面。他刚刚藏好地图，施内德雷尔就回来了，他让迪歇到下星期一再开始干活。

到了星期一，当迪歇带着工具来干活时，他发现施内德雷尔到别的地方去办事了，大楼里没人知道迪歇要来裱糊墙壁的事，所以就不让他进去，让他再过一个星期来。

迪歇知道时间紧急，必须尽早把藏起来的地图带走，以免夜长梦多。于是，迪歇就故意和拦住他的人顶撞起来，声音吵吵嚷嚷的，终于惊动了一个名叫阿达贝特·凯勒的工头,他从自己的办公室走出来,想看看出了什么事。迪歇抓住他连忙解释说,"我是被雇来给施内德雷尔的办公室裱糊墙壁的,假如你让我进去干活,我情愿白给你把办公室裱糊一遍,不要钱。"

想到能使自己肮脏的办公室裱糊一新,凯勒不由得高兴起来,就同意了。于是,迪歇如愿以偿地进去干起活来,快下班的时候,他取出了仍然藏在镜子后面的地图,和几张糊墙纸卷在一起,顺利地走出了大门。

迪歇很快地把这张地图送到伦敦,这张地图也就成为盟军研究和分析德军大西洋防线的重要依据,可想而知,盟军的成功自然不在话下了。

迪歇的随机应变成功地为盟军提供了可靠的情报,从而使得盟军在战争中取得了主动权。在盟军这样的团队中,迪歇这样的人物很多,他们的机智使得团队随时可以制定出更利于进攻的方略,从而使整个团队具备了更高的灵活性。所以,对于一个团队来说,每一次的成功,每一次的发展,都需要团队以及所有成员灵活机智的应变。

乔治喜欢打猎和钓鱼。他最大的快乐就是带着钓鱼竿和来复枪进入森林宿营,几天之后再带着一身的疲惫和泥泞心满意足地回来。他唯一的困扰是,这项嗜好会花去太多的时间。有一天,他依依不舍地离开宿营的湖边,回到现实的保险业务工作中时,突然有一个想法,荒野之中,也许有人会买保险。如果真是这样,岂不是在外出狩猎时,他也一样可以工作了吗?

果然,阿拉斯加铁路公司的员工正是如此。散居在铁路沿线的猎人、矿工也都是他的潜在客户。乔治立刻做好计划,搭船前往阿拉斯加。他受到热烈的欢迎,他不但是唯一和他们接触的保险业务员,更是外面世界的象征。除此之外,他还免费教他们理发和烹饪,使得这些工人不再为过乱头发和美味的食物而发愁。所以,他经常

受邀成为座上宾，享受着他们准备的佳肴。

在短短一年内，他的业绩突破了百万美元，不仅享受了登山、打猎和钓鱼的无限乐趣，把工作和生活做了最完美的结合，更重要的是他为公司创下了几年以来最高的业绩，使公司获得了巨额的收入！

乔治的灵敏与机智并不是所有人都能够具备的，所以，能够取得这样成功的人也只有他。而他的聪明同时还为公司创造了利益，使得整个团队有了更大的发展。

乔治的故事说明不论是个人还是团队，要想获得成功就必须时时刻刻树起自己灵敏的耳朵与智慧的双眼，只有这样，才能得到持续的发展与壮大。

厦门的一家公司，经过十年的发展，以前所未有的速度成长，它一家接一家地购入其他企业，最后终于成长为年销售额高达百亿元的联合大企业。该公司从事的行业颇多，其产品也很多，从橘子汁到皮包无所不有，被包含在联合大企业内的公司虽不及百家，但恐怕已接近经营的极限了。

但是不久，当高利率和经济衰退接踵而来时，这家公司同其他的联合大企业一样，被迫放弃了旗下的许多公司，精兵简阵，才得以渡过难关。当一名从其他公司调来的人上任公司总裁时，产品线既长且乱，许多产品都是亏损的，这名新任董事长经过认真的考虑和分析，提出"非一即二"的原则：必须把本产品做成本行业数一数二的产品，否则一律卖掉。

后来，经过多年的发展，这家公司成为世界上最有竞争力的综合性公司之一。

由此可见，对于一个公司来说，并不是其经营的范围越广越有利润。厦门的这家公司就是因为其所涉及的行业领域过宽，产品线过长而在经济衰退期受到了巨大的挑战。针对这一问题，新上任的董事长最后才做出了精兵简阵的方略，使公司得以渡过难关。所以，一个团队如果其组成过于杂乱，就必定会影响整体的灵活运作，从而使公司的可持续发展受到阻碍。因此，简单原则是企业发展壮大的最基本而又最有实效的原则。

只要具有简单的组织形式，少量的员工就可以完成工作。事实也是这样，大部分优秀公司的管理层员工相对较少，员工更多的是在实际工作中解决问题，而不是在办公室里审阅报告。在基层，实际操作者更多，管理者很少。在拥有10亿美元资产的英特尔公司，事实上没有固定的行政人员，所有部门间的行政人员分配都是临时性的；ROLM 公司，它由 15 名员工组成公司总部管理着价值 2 亿美元的业务。当查尔斯接管价值 4 亿美元的克利夫兰公司时，行政人员庞大的数目让他惊诧不已。于是，在几个月的时间里，他把公司总部人员从 120 人减少到了 50 人。

然而，现实中，并不是所有的公司或团队都能意识到这一问题的严重性，也没有领悟到这条"基本原则"，在真正的发展与实际操作中，一味地追求多元化，想从每一个行业中分得一杯羹。结果到头来，由于"身体"太胖，"体重"超标而失去了灵活性，从而削弱了自己的竞争力。

因此，对于一个团队来说，灵活性虽不是其可持续发展的决定性因素，却在其壮大中起着至关重要的作用。

【狼性执行说】

任何人任何团队，在每一次的行动中，都会遇到各种不可想象的困难，要想解决好这些问题，就必须具备灵活行动、随机应变的能力。

没有借口，坚决执行百分百

> 狼是丛林中的强者
> 是草原上的霸主
> 而狼群之所以能够奠定自己这样的地位
> 关键在于其不找任何借口
> 百分百执行的能力
> 它们以冷静达观的强者心态
> 面对失败毫不气馁
> ……
>
> ——【狼性宣言】

我们现代的团队需要的不正是这种坚决执行的员工吗！没有借口，坚决执行命令。这种人在遇到挫折时，他们不怨天不怨地，不怨父母不怨他人。具有这种能力的人被别人打败，并不心存怨恨，只怪自己功夫不精，从此苦练本事，认真研究对手的长处和自己的短处，十年后再做一场输赢的较量。

与之相反的人，当他们被别人打败时，只会到处哭诉别人的品德如何败坏，把自己的敌人描述成一无是处的恶人。

所以，这两种人之间最本质的区别就是前者依靠自己解决问题，对领导的命令坚决执行，而后者依靠他人解决问题，失败后会找出许多借口。看看休斯查姆斯是怎么做的。

休斯·查姆斯在担任"国家收银机公司"销售经理时，该公司的财政发生了困难，这件事被在外边负责推销的销售人员知道了，并因此失去了工作的热忱，销售量开始下跌。由于没有采取很好的措施，事情发展越来越严重。最后，销售部门不得不召集全体销售员开一次大会，全美各地的销售员皆被召去参加这次会议。

查姆斯先生主持了这次会议。首先，他请手下最佳的几位销售员说明销售量下跌的原因。这些被唤到名字的销售员一一站起来以后，几乎每个人都有一段最令人震惊的悲惨故事向大家倾诉：商业不景气，资金缺少，人们都希望等到总统大选揭晓后再买东西等等。

当第五个销售员开始列举导致他无法完成销售配额的种种困难时，查姆斯先生突然跳到一张桌子上，高举双手，要求大家肃静。然后，他说道："停止，我命令大会暂停10分钟，让我把我的皮鞋擦亮。"

然后，他命令坐在附近的一名黑人小工友把他的擦鞋工具箱拿来，并要求这名工友把他的皮鞋擦亮，而他就站在桌子上不动。在场的销售员都惊呆了，有些人甚至以为查姆斯先生发疯了，人们开始窃窃私语。

就在人们议论纷纷的时候，那位黑人小工友已经擦亮了他的第一只鞋子，然后又擦另一只鞋子，他不慌不忙地擦着，表现出一流的擦鞋技巧。皮鞋擦亮之后，查姆斯先生给了小工友一毛钱，然后才开始发表他的演说。

查姆斯先生说："我希望你们每个人，好好看看这个小工友。他拥有在我们整个工厂及办公室内擦鞋的特权。他的前任是位白人小男孩，年纪比他大得多，尽管公司每周补贴他5元的薪水，而且工厂里有数千名员工，但他仍然无法从这个公司赚取足以维持他生活的费用。"

"但这位黑人小男孩在与他的前任工作环境完全相同，工作的对象也完全相同的情况下不仅可以赚到相当不错的收入，既不需要公司补贴薪水，每周还可以存下一点钱来，"

"现在我问你们一个问题，那个白人小男孩没有得到更多的生

意，是谁的错？是他的错，还是顾客的错？"推销员们不约而同地大声说："当然了，是那个小男孩的错。"

"正是如此。"查姆斯回答说，"现在我要告诉你们，你们现在推销收银机和一年前的情况完全相同：同样的地区、同样的对象以及同样的商业条件，但是，你们的销售成绩却比不上一年前，这是谁的错？是你们的错，还是顾客的错？"

同样又传来如雷般的回答："当然，是我们的错。"

"你们能坦率承认自己的错，我感到很高兴，"查姆斯继续说，"我现在要告诉你们，你们的错误在于，你们听到了有关本公司财务发生困难的谣言，而这却影响了你们的工作热情，所以，你们不像以前那般努力了。只要你们回到自己的销售地区，并保证在以后30天内，每人卖出5台收银机，那么，本公司就不会再发生什么财务危机了，你们愿意这样做吗？"

大家都说"愿意"，后来的事实证明，他们的确办到了。那些曾经被他们强调的种种借口：商业不景气，资金缺少，人们都希望等到总统大选揭晓以后再买东西等等，仿佛根本不存在似的，统统消失了。

这个案例告诉我们，不要抱怨外在的一些条件，因为当你在抱怨的时候，实际上是在为自己找借口。而找借口的唯一好处就是安慰自己：我做不到是可以原谅的。但这种安慰是致命的，它暗示自己：我克服不了这个客观条件造成的困难。在这种心理暗示的引导下，人就不再去思考克服困难、完成任务的方法，哪怕是只要改变一下角度就可以轻易达到目的。

所以，对于一个企业或团队来说，不找借口，坚决执行百分百的员工是最受企业欢迎的，同时也将会是团队中最优秀的成员。而企业最根本的目的是盈利，所以，团队应要求自己的每一个员工为了企业的根本利益而坚决贯彻执行好企业的经营方针，决不会为了讨好上司而盲目地执行其有悖于企业经营方针的任何一项指示。对团队的各级管理人员，则要求其具备灌输思想和贯彻行为两种能力，即向员工灌输企业的经营思想，使之自觉具有坚定不移地执行企业经营思想的行为。将执行力和企业战略、核心竞争力紧密联系在一起，没有任何借口，全心全意做你应该做的事，是训练团队员工执行力的最好方法。

当一个团队陷入危机时，没有借口，坚决执行的能力往往能将团队迅速从这种困境中拉出来。

美西战争时，哈里中尉被派驻南部高地担任陆军连长，负责带领150名美军士兵参加战斗。后来他曾描述过发生在那次战争中的一个故事：

上级命令我们在最短的时间内在一个偏远的地方修好一个临时跑道。长官希尔中校和我们一样，承受着巨大的压力。有一天，他前来视察进度，看到用有孔钢板搭建的地基，便认为我们做得不对，怒声问道："是谁下令这样建的？"我们马上回答："报告长官，是我们。"由于在西点所受的训练，让我们养成勇于承担后果和责任的习惯。如今，发生这种情况，我们还是按以前的习惯回答。

中校听后非常生气，不过他并未再说什么。大家都认真地讨论，以求找出一种合适的弥补方法。其实，当时我们有很多借口可找，完全可以把责任推到别人头上，从而开脱我们自己，但最终哈里没有那样做，哈里选择了相对于我们这个团队来说是最好的决定，尽管这样我们的自尊会受到一定的损害。

一个月以后，在哈里的团队中又发生了另外一件事情。那天，我们接到上级的命令，让我们放下手头的工作，把所有人员和设备转移到距此地50公里外的一个非常偏僻的地方，去修建一座被损坏的大桥，以便能迅速地恢复高地的粮食和其他供应。而就在要转移的时候，负责驾驶挂车的普列向我们报告："长官，我们的车子刹车坏了。"

我们俩对视了一会，心里都明白，季风季节刚刚过去，而在

这个季节中，受雨水和泥土浸泡的机车已受到极大的损坏，并且在这样艰苦的情况下，根本没有配件可换。但任何车辆没有刹车都是绝对致命的，更何况这辆挂车还得负重一辆重达40多吨重的挖土机，跋涉泥泞不堪的山路，没有刹车就等于自杀。最后我们对普列说："如果不把那个挖土机拉过去，在那边我们就根本没法工作，只有靠它才能把损坏的桥梁挪开。我们是否还有别的办法呢？"

后来，他无奈地说："长官，我们可以试一下用引擎减速，但如果那样的话，到那边后，这辆车就彻底损坏了。"我们考虑了一会，问道："普列，那样的话，你能确保成功吗？"我们很明白，这样就是要他用生命的代价去换取这次任务的成功，我们也等着他可能拒绝的回答，到时，我们就只能再去想别的解决办法——但其实已经没有别的办法可想了。最后，普列说道："长官，我们试试看吧！"

队伍出发后，我们和普列都提心吊胆，在一种极其紧张的心态下走完50公里的路程，未敢松一口气。到达目的地后，那辆车的确报废了，但普列总算活过来了，挖土机也完好如初。当普列走下挂车的那一刻，我们看见他摇摇晃晃，似乎快要崩溃了。的确，在这以前，我们从未要求过我们的部属冒这么大的风险，以后也再没有过，我们以普列为荣，真的！让普列去冒这样的生命之险，当时我们的内心其实还是经过一番斗争的。同在战场上出生入死，这种感情如同父子、兄弟，我们碰到的是一种人生的两难问题——我们为什么要求我们的兄弟去冒这样大的危险，为什么？

但我们现在也一直认为，我们那次的决定是对的，如果事情会重现一次，我们还会那样去做，当然这种想法并不是因为普列的平安无事，而是一种团队责任、一种集体精神、一种执行精神。从感情上讲，我们还是很高兴，他并未因此而丧生，否则我们会终生内疚。如果他牺牲了，我们也不会怀疑我们的决定，但我们会感到自责。既然决定是对的，那我们就会果断地决定去做，无论结果是成还是败。

不找借口，就是敢于承担责任、永不放弃、锐意进取的表现，而这正是哈里中尉和他的士兵成功的重要原因所在。相反，找借口则是推卸责任的表现。找借口，可以把应该自己承担的责任转嫁给社会或他人，可以为自己制造一个安全的角落。但是，寻找借口是对所做事情的拖延和放弃，它会让人们失去别人的信任。

所以，一个团队要成功，就要保持一颗积极、绝不轻易放弃的心，不让借口成为成功路上的绊脚石。把寻找借口的时间和精力用到努力工作中来，因为没有借口地工作，便是向成功迈进了一大步。

【狼性执行说】

一个争当强者的人，永远不会满足现状，更不会在经历失败后，为自己寻找开脱的借口，反而会将失败作为一次经验，一次教训。因为，失败不是倒下的借口，更不是放弃的理由，相反，它却可以指引人们换个方式或方向再去努力。

意图明确，队员才能有效执行

在每次执行任务前
头狼都能将每只狼的任何分配好
而且它的意图传达得很明确
不会让任何一只狼产生误解
因为即使一次小小的理解错误也可能会导致整个任务的
失败

而失败的代价很有可能就是整个狼群的毁灭

所以，狼群从不会因为头狼任务下达得不明确而发生失误……

——【狼性宣言】

对于一个团队来说，领导也必须向员工明确表达自己的意图，不要让员工去猜测自己的想法，否则员工就无法有效地执行领导的指令。通用汽车就曾发生过这样的错误。

20世纪80年代到90年代早期，通用汽车公司在事业部的任务划分方面特别不明确。当阿尔福雷德·斯隆于19世纪20年代在通用汽车公司创立事业部结构时，他的设想是每一事业部为特定市场生产一种特定的产品。雪佛莱是专为那些刚刚参加工作的或普通的人制造的，但是对那些在工作上已做出成绩并有一定地位的人来说，新的庞迪亚克可能是他们所期待的产品，然后是奥兹莫比尔，接下来的是别克，或者甚至是凯迪拉克。

然而，随着时间的推移，分配给事业部的任务并没有被很好地遵守，界限开始变得模糊不清，每个事业部都开始建立更广泛的汽车生产线。不同事业部所生产的汽车之间的差异已经消失，以前有含义的名字（如别克和凯迪拉克）如今也没什么意义了。公司总部失去了明确的方向和对事业部的控制。每一事业部都试图为所有顾客提供所有产品，结果造成资源的浪费、差异的减少、顾客的混淆和市场份额的丧失。

为了避免这种情况，公司首先必须确定它的整体战略，然后给事业部设定清晰的任务和市场，以减少产品的重叠和混淆。之后，对这些界限要进行严格的控制，以使目标清晰和重点能够得以保持。相似的情况也会发生在职能部门之间。事业部的领导们在没有搞清楚各职能之间如何协调之前，就对职能部门进行重组并创造一些新职能。他们相信，在重组之后，各职能部门中的人员就能够共同决定使任务得以完成的工作流程。

但事实证明，这并不是一种好的方法，人们把大多数的时间浪费在相互争斗上，因为他们要尽力保住自己的地盘和工作。

通用汽车公司的经历说明，一个公司首先必须确定战略，领导在做每一件事情时，都要意图明确，其所传达给员工的指令更是要清晰明了，然后领导才能安排好所有的任务，而员工也能够更加有效地执行。除此之外，对于团队中的领导来说，意图明确的同时，自己还要以身作则，以榜样的力量进行领导，这意味着你将不只通过言语来领导，更重要的是通过行动来进行领导。

团队领导的远见卓识、使命感和日常的交流的确非常重要，但必须有与之相符合的行动使之得到遵从和支持才有意义，否则，即使员工明白你的意图，但不愿去执行，那么这项命令就是一纸空文。所以，没有什么能比行动更能向员工传递出你的更真实、更清晰的信息了。

人们常说："言语是廉价的"，这句古老的谚语从古至今都有着绝对真理性。许多公司的领导在传达指令时虽然十分明确，而员工们对老板兜售给他们新的计划也深信不疑，但结果往往是，只要更新的计划一推出，原先的计划就马上烟消云散了。他们经常看到公司领导人员说一套做一套的情况，所以他们对上层发布的任何言论都持以偏见和讽刺的态度。员工们因而学会了观察其领导人言行之间的差异，并从领导人的行动中获得自己行动的线索。如果一名领导者宣称战略非常重要，但却把所有的时间花费在战术行动上，那么员工自然就会关注于这些战术性的工作；如果他声称倾听顾客的意见非常重要，但却从未花时间去会见顾客，那么员工们对顾客也会忽视。

所以，把时间花在真正有意义的事情上，那么你就会收到意想不到的效果。西南航空公司的首席执行官赫伯特·D·凯勒赫，就是一个言行一致的典型例子。

西南航空公司成功的重要原因，就是它能够使自己的成本比其他航空公司的更低。在西南航空公司的第一个全国性的电视广告中，凯勒赫公开宣称："西南航空公司不会输掉价格战。因为，我们的运

营成本很低,所以我们能在正常的基础上向你提供低价位的机票。这不是在赚噱头,也不是我们的自我推销,这是我们相信存在于我们性格中的东西,这一点存在于我们的每一个座位、每一个航班和航班飞到的任何地方。"

对于自己的每一项声明与通告,凯勒赫都能够认真落实。审批每一项超过1000美元的开销,他都要亲自审批。他说,这么做"并不是因为我不信任我们的员工,而是因为我知道,如果他们知道我在关注,他们就会更加仔细"。

除此之外,凯勒赫还宣称他的员工是他最为重要的资产。然而,与那些说过同样的话之后就把几千名员工置之脑后的首席执行官不同,凯勒赫确实是这样认为的。

"西南航空公司拥有自己的客户,那就是乘客;我也有自己的客户,那就是公司的员工。如果乘客们不满意,他们就不会再乘坐我们的飞机;如果员工们不满意,他们就不会提供乘客所需要的产品。处在领导地位的人是为工作团队提供支持的,而不是相反。"这种想法反映在西南航空公司同它的员工和顾客之间的关系上。当公司需要招聘员工时,西南航空公司寻找的是能从为顾客提供服务中得到快乐的雇员。

凯勒赫说过:"我们所寻找的雇员,首要和最关键的是要有幽默感。其次我们要寻找的是那些擅长于使他们自己满意和在同事关系中能有好的工作表现的人。我们并不太在意学历和经验,因为我们可以教他们做他们必须做的事情。我们雇用的是态度。"

这种哲学在对顾客的服务上得到了回报。顾客喜欢西南航空公司员工的诙谐,例如,飞机乘务员藏在头顶的储物箱里、把一架飞机涂画得像是大白鲨,或者能看到凯勒赫本人在万圣节前夕打扮得像圣诞老人一样迎接顾客。

一位在西南航空公司工作了23年的乘务员——德伯拉·福兰克林说道:"在西南航空公司,每个人都可以保持自己的本色。他们不会试图把你塞进一个模子里。"客户的满意程度通过每月3500封赞扬信以及在电话客户服务评价中名列迪斯尼、土星公司和诺德斯特姆（Nordstrom）公司之前而位居第二名得到了反映。

为了了解顾客的需求有哪些变化，凯勒赫亲自阅读每一封来信，不管是表扬的还是批评的。这种"雇员重要"的哲学所得到的回报还反映在成本的降低上，成本的降低使得西南航空公司创造了成本优势。尽管西南航空公司80%的雇员都是工会会员，他们得到的报酬也是该行业中最高的，但是，他们工作的高效率还是降低了西南航空公司的成本。这种高效率使得公司与工会之间保持了积极的关系，这种关系又因真诚地处理问题和不解雇员工的政策而得到促进，这使得西南航空公司能够采取更灵活的工作规则，鼓舞员工高昂的士气并避免罢工事件的产生。

从案例中可以看出，凯勒赫确实是依靠榜样的力量来进行领导的企业领导人。而且他对自己所下达的命令都身体力行，这对公司的员工产生了积极的影响，这些员工从其领导人身上理解了西南航空公司是如何赢利的，以及自己是如何为公司业绩作出贡献的。这使他们以一种支持西南航空公司战略的方式做事，当凯勒赫告诉他们应该做什么事情时，他们信任他。

赢得员工的信任和尊重，并使他们以行动支持公司的战略，你就必须身体力行，以身作则，为员工树立起好的榜样。否则当你的言与行不一致时，员工就会花更多的精力与时间关注你很容易关注的"其他的事情"，因为他们看到你就是这么做的。如果是这样，那么作为领导的你即使所下达的意图再明确也无法让员工有效执行。

因此，对一个团队和企业来说，领导人不仅要明确地表达自己的意图，而且要在指令传达后，以身作则，切忌言行不一。

【狼性执行说】

一个领导者如果想让公司和员工按照自己预想的方向发展，那么就必须让员工明白地了解你的战略意图以及他们在其中的任务。只有这样，他们才能有效执行，并很好地配合整个蓝图的实现。

IV 篇

执行文化，打造『狼性』企业的执行力

白疤狼群在捕猎时之所以能执行到位，除了白疤狼的威严之外，还有一个很重要的因素：白疤狼群有自己的执行体系——在捕猎之前狼群会进行沟通和交流，捕猎后头狼会根据每条狼的捕猎贡献进行合理的食物分配；如果狼群中的某条狼在捕猎时没有执行到位，那么它将会受到惩罚。只有这样，整个狼群在执行任务时才会奋勇向前。

其实一个企业也是如此，要想让全体员工都有执行的动力，就须具备自己的执行体系。当然在人类社会里，这种执行体系就是一种执行文化。一个企业有没有执行文化，执行文化的好坏，将直接决定员工执行结果的好坏，同样也决定着企业的发展态势。纵观世界上著名的一些企业，哪一个没有明确、有效的执行文化呢？

第十三章
沟通，捕猎前统一思想

其实我们只要细致观察，就可以发现一个现象：狼群在出发捕猎之前，群狼都会到头狼面前"谄媚"一番，或许是舔舔头狼的毛发、或许是蹭蹭头狼的脑袋……这种"谄媚"有两层目的：第一，向头狼表示效忠；第二，和头狼进行沟通。同样，和头狼进行沟通同样有两层意思：第一，领取头狼分配的任务。我们都知道，每一次捕猎，狼群都不是倾巢而出的，有的狼会参加捕猎，而有的狼则守卫领地，也有的狼保护小狼……这种职位的分配都是头狼在捕猎之前分配好的。第二，统一思想。狼群该往哪个方向去寻找猎物，要追踪几天，捕获什么级别的猎物，等等，都必须在捕猎之前做好沟通，否则很可能在捕猎之时出现异议，影响执行。这就好比是我们人类社会的"动员大会"一样，让大家明白为什么而战、该如何战、战到什么程度……

那么对于一个企业来说，在执行某项任务之前，是不是也需要进行思想沟通呢？很显然，这是必要的，而且是非常必要的。甚至可以这么说，只有当企业中的每一个人在执行之前都进行了沟通，才能使企业的整体执行力得到提高，企业才能真正地具备超强的执行力。当然，这个企业也才能在众多同行企业中脱颖而出、立于不败之地。

认识到执行的重要

即便再好的头狼
即便再英明的决定
如果没有狼群的执行
这一切都将成空
执行
就是把羊群变成美餐的唯一途径
执行
就是把猎物变成生存的唯一办法
……

——【狼群宣言】

狼群如果不去执行捕猎任务,那么不仅要饿肚子,而且还会让狼群走向灭亡。生存是每条狼的欲望,如果不执行,就无法生存。这就是执行的重要性,这种重要性每条狼都知道。

在20世纪90年代以后,我们不难发现,凡是发展又快又好的世界级企业,凭借的就是执行力。微软的比尔·盖茨曾经坦言:"微软在未来10年内,所面临的挑战就是执行力。"IBM的郭士纳认为:"一个成功的企业和管理者应该具备三个基本特征,即明确的业务核心、卓越的执行力及优秀的领导能力。"

Cisco是全球做网络设备最大的公司,也是2000年全世界股票市值最大的公司,这样一个拥有垄断技术的公司,其核心竞争力不是技术而是执行力。由此可见,"执行力"在世界级大公司被看得非常重要。

执行力低下已经成为企业管理中最大的黑洞,再好的策略也只有成功执行后才能够显示出其价值。因此我们说，企业要想在竞争激烈的市场中博得一席之地，关键就在于执行。如果企业执行力差，将会直接影响企业的经营理念和经营目标的实现，更重要的是会削弱管理者及员工的斗志，破坏工作氛围，从而影响企业的整体利益。长此以往，它将会断送企业的前程。

【狼性执行说】

如果狼群不懂得执行头狼的命令迅速出击，即便面前有再多的猎物，那么这些猎物也就毫无意义。企业也是如此，即便面前的机会再多、领导的决策再英明，如果员工不善于执行，这些也终将成空，对企业的发展一点作用都没有。

认同狼群的价值观

我，既然身在这个狼群
那么
就要成为狼群的一分子
坚决拥护头狼所拥护的
认同狼群所认同的价值观
只有这样
我们才能成为真正的狼群
才能真正所向无敌
……

——【狼性宣言】

狼群要想提升执行力，就必须服从头狼的领导，而要甘愿服从头狼

的领导，就必须认同这个狼群的价值观。每条狼必须把自己真正融入整个狼群之中，才能真正和其他狼配合默契、提高执行力。在这一点上，企业和狼群同样是一致的。只有每个员工认同企业的价值观，才能真心地为这个企业效力，企业的整体执行力才能获得提高。

松下公司成立于1918年，由松下幸之助夫妇和妹夫井直岁男三人创建，从20世纪开始，家用电器渗入日本社会的各个角落，松下产业也开始了它充满传奇色彩的漫长跋涉。

经过80余年的奋斗，松下电器产业公司已如日中天。据统计，世界各地的电视台都做过松下电器产业公司的产品广告，几乎每分钟都有一条松下产品广告出现在地球某一地区的电视节目中。除此之外，松下电器产业公司还拥有另一个为全世界所熟悉的骄傲——松下幸之助。在日本，他被尊为家电行业的领军人物，被整个工商界奉为"经营之神"。

之所以称松下幸之助为"经营之神"，是因为他为公司建立了一套完整的经验理念体系，它分为经营基本方针（纲领）、工作基本态度（信条）、社会成员的态度（七大精神）、公司的风气和适应环境的变化等几大部分。尤为值得称赞的是公司的"精神力量"：定位在"为社会作贡献"；认为"利润是对社会贡献的报酬"、"企业是社会的公器"；"七大精神"的贯彻；企业与供应商、零售商、代理商之间的相互理解和合作……

松下公司长期形成的企业文化也突出地表现在对上述体系的实践中。

松下公司是日本第一家有公司歌曲和价值准则的企业。每天早晨8点钟，公司所有的员工朗诵本公司的"纲领，信条，七大精神"，并在一起唱公司歌曲。一名高级管理人员说，松下公司好像将我们全体员工融为了一体。

在进行总体企业文化培育的前提下，松下公司把培养人才作为重点，强调将普通人培训为有才能的人。松下幸之助有一段名言"松下电器公司是制造人才的地方，兼而制造电器产品。"他认为，事业是人为的，而人才的培育更是当务之急。也就是说，如果不培育人才，就不能有成功的事业。出于这种远见卓识，他于 1964 年在大阪建起了占地 14.2 万平方米的大型培训中心，一年开支达 40 亿日元（占销售总额的 0.1%）。全公司有 1/3 的人在这里接受培训。这种大规模的人员培训，保证了松下电器的新产品能够源源不断地涌向世界各地。

公司还特别注重经营性，丰富的企业文化建设，使员工有新鲜感，这样更易于员工提出下一年的行动口号，然后汇集起来，由公司宣传部口号委员会挑选，审查，最后报总经理批准，公布。公司有总口号，各事业部、分厂有各自独特的口号。一旦口号提出，全公司都在这一口号下行动，口号体现了公司的价值观。

因此看来，松下电器公司非常重视对员工进行精神价值观的教育训练。因为松下知道，一个公司的成功，执行力起着至关重要的作用。而要想获得这种执行力，就必须向员工灌输一种能够达成共识的企业信仰，从这种企业信仰中员工们便可以看到自身价值的存在。

每年正月，松下电器都要隆重举行新产品的出厂庆祝仪式。这一天，职工身着印有公司名称字样的衣服大清早来到集合地点，作为公司领导人的松下幸之助，常常挥毫书写简单明快的文告，发表热情勉励的演讲。然后职工们分乘载有新产品的卡车，奔赴各个商店。松下相信，这样的行动有助于发扬松下精神，统一员工的意志和步伐。

进入松下公司的人员都要经过严格的筛选，然后由人事部门开始进行"入社"教育。首先要诵读、背诵松下宗旨、松下精神，学习松下幸之助的"语录"，学唱松下公司之歌，参观公司创业史展览。为了增强员工的适应性，也为了使他们在工作中体验松下精神，新员工往往被轮换分配到许多性质不同的岗位上工作，所有专业人员，都要从基层做起，每一个人至少有 3 个月的时间是在装配线或零售店工作。

松下幸之助常说："领导者应该给自己的部下以教育和教诲，这是每个领导者不可推卸的责任和义务，也是在培养人才方面的重要工作之一。"

松下公司要求各级管理人员必须学会培养自己与员工之间的信任感，相互沟通思想和感情，要为松下员工树立榜样，用松下特有的经验和精

神影响员工。公司要求管理人员鼓励部下独立地工作和创造，如果发现部下缺乏正确的态度，管理人员必须给予持久、耐心的指导，以便使他最终能担负起相应的责任。

松下公司采用奖励和重用的手段，来激励和培育员工的松下精神。松下幸之助带来访客参观工厂时，喜欢随便指着一位员工说："这是我最后的主管之一。"这无疑对员工是很大的激励。

松下认为，应当在公司中努力创造一种人们自由发表意见的气氛，既能使人们无拘无束地发表意见，提出合理化建议，又对提出意见和建议者及时嘉奖。公司对员工提出的每一项建议都进行评分，给予金钱报酬和奖励，几乎90%的建议都会得到奖励。松下主张管理人员热忱对待部下的建议，即使是暂时难以判定正确与否的建议，他也主张以这样的口吻回答："很好，让我们试试吧！尽管我对你说的尚无大的把握，但我们可以试试。"

表现出色的人也会及时得到重用，松下鼓励管理人员在内部找出有进取精神、有能力、有潜力的人员，使人人都能找到适合他的角色。

松下获得成功的一个重要原因，便是在于他十分重视对员工进行价值观的训练和优化。松下规定企业的原则是"认识企业家的责任，鼓励进步，促进全社会的福利，致力于世界文化的进一步发展"。他给职工规定的信条是："进步和发展只能通过公司每个人的共同努力和合作才能实现。"松下"价值观"遵奉为"十精神"，即工业报国精神、实事求是精神、改革发展精神、友好合作精神、光明正大精神、团结一致精神、奋发向上精神、礼貌谦让精神、自觉守纪精神和服务奉献精神。这些价值观时常被灌输到员工的头脑之中。在解释精神价值观时，松下幸之助有一句名言：如果你犯了一个诚实的错误，公司是会饶恕你的。然而你背离公司的原则就会受到严厉的批评，直至解雇。可见精神价值观在松下公司有着至高无上的地位。松下正是通过这种精神价值观的训练，实现了对员工内在状态的控制，从而使员工滋生出源源不断的工作热情与干劲，更重要的是提高了公司的执行力。

【狼性执行说】

一个员工只有真正认同企业的经营理念和价值观之后，才能真正融入这个企业，切实为提高这个企业的整体执行力而努力。作为企业领导者，一定要想方设法让员工了解并认同企业的价值观，切实为提高执行力打好精神准备。

从改变信念到改变行为

狼族
因为有了生存的信念
所以我们总是以最饱满的热情
向着猎物
不断攻击、不断撕咬
我们的行为
受到信念的支配
改变信念、改变行为、改变我们的生存
……

——【狼性宣言】

狼群之所以在捕猎之前，头狼要进行思想的沟通，目的非常明确：让群狼所想的和头狼所想的保持一致。这一点对于狼群执行力的提升是非常重要的。如果达不到这一点，很可能会造成执行力的缺失。

有一则寓言很形象地展示了执行力在管理中的微妙关系：耶稣带着他的门徒彼得远行，途中发现一块破烂的马蹄铁，耶稣希望彼得捡起来，不料彼得懒得弯腰，假装没听见。耶稣自己弯腰捡起马蹄铁，用它在铁匠那儿换来了3文钱，并用这些钱买了十几颗樱桃。出了城，两人继续

狼性执行——企业如何打造卓越执行力

前进,经过茫茫荒野,耶稣猜到彼得渴得厉害,就让藏在袖子里的樱桃悄悄地掉出一颗,彼得一见,赶紧捡起来吃。耶稣边走边丢,彼得也就狼狈地弯了十几次腰。于是耶稣笑着对他说:"要是按我想的做,你最开始弯一次腰,我也就不用一次又一次重复地扔樱桃,你也就不会在后来没完没了地弯腰。"

这个寓言反映出这样一个问题:在企业中领导所想的和员工所想的,往往不能得到有效的统一。这就是一种执行力的缺失,它导致管理者的工作变成了一纸空文或一场空谈,而员工也就需要付出更多的努力才能达到既定的目标。

企业的执行文化,就是把"执行"作为所有行为的最高准则和终极目标的文化。所有有利于执行的因素都予以充分而科学地利用,所有不利于执行的因素都立即排除。以一种强大的监督措施和奖惩制度,促使每一位员工全心全意地投入到自己的工作中,并从思想上彻底改变自己的行为。最终使团队形成一种注重现实、目标明确、简洁高效、监督有力、团结、紧张、严肃、活泼的执行文化。

创建于1939年、总部设在加州的惠普公司不但以其卓越的业绩跨入全球百家大公司的行列,更以其对人的重视、尊重与信任的企业文化闻名于世。

作为大公司,惠普对员工有着极强的凝聚力。到惠普的任何机构,你都能感受到惠普人对他们的工作是如何满足。这是一种友善、随和而很少压力的气氛。在挤满各阶层员工的自助餐厅中,用不了3美元,就可以享受到丰盛的午餐,餐厅里笑声洋溢,仿佛置身在大学校园的餐厅中一样。惠普的成功,靠的是"重视人"的宗旨,惠普重视人的宗旨源远流长,目前还在不断地自我更新。公司的目标总是一再重新修订,又重新印发给每位员工。每次都重申公司的宗旨:"组织之成就乃系每位同仁共同努力之结果。"然后,就要强调惠普对有创新精神的人承担的责任,这一直是驱使公司取得成功的动力。

惠普的创建人比尔·休利特说:"惠普的政策和措施都是来自于一种信念,就是相信惠普员工想把工作干好,有所创造。只要给他们提供适当的环境，他们就能做得更好。"这就是惠普之道。惠普之道就是关怀和尊重每个人和承认他们每个人的成就，个人的尊严和价值是惠普之道的一个重要因素。

惠普公司的成功相当程度上得益于它恒久的企业文化：惠普公司对员工的信任表现得最为清楚，实验室备品库就是存放电器和机械零件的地方，工程师们不但在工作中可以随意取用，而且还鼓励他们拿回家去供个人使用！惠普公司认为，不管工程师用这些设备做的事是否和他们手头从事的工作项目有关，反正他们无论是在工作岗位还是在家摆弄这些玩意儿，都能学到一些东西。因为它充分相信员工，公司员工才会与它有难同当、有福同享。归根到底，它是一种精神、一种理念，员工感到自己是整个集体中的一部分，而这个集体就是惠普。

在惠普有一个理论，在新招来的员工中，5年后，大概只有50%的人留下；10年以后，大概只有25%的人会留下。比如10年前惠普招了4个人，5年以后就剩下2个人，10年后就剩下1个人。"可是留下来的这个人，肯定已对惠普文化坚信不移，行为举止也是惠普化的，这样的人肯定会帮助惠普作出很多有益的贡献。"

惠普文化常常被人称为"HP Way"（惠普之道）。HP Way 有五个核心价值观：

（1）相信、尊重个人，尊重员工。

（2）追求最高的成就，追求最好。

（3）做事情一定要非常正直，不可以欺骗用户，也不可以欺骗员工，不能做不道德的事。

（4）公司的成功是靠大家的力量来完成，并不是靠某个个人的力量来完成。

（5）相信不断的创新，做事情要有一定的灵活性。

惠普从来不把惠普文化挂在墙上，也很少对其进行炫耀，可惠普人人都相信这种文化。无可否认，惠普的成功，其企业文化发挥了至关重要的作用。那么惠普的文化是如何构建出来的呢？其实，任何企业文化

的塑造都没有现成的模式可抄袭，它都需要经历建造、修正、完善这一过程，并因时因势地不断创新。

首先，要选择适合企业的价值标准。企业价值观是整个企业文化的核心所在，因此选择正确的价值观是塑造企业文化的首要战略问题。这就需要企业立足于自身的具体特点，根据目的、环境、习惯和组成方式选择适合自身发展的文化模式；同时还要把握这个价值体系与其他文化要素之间的协调性，即是企业核心价值观要体现企业的宗旨、管理战略和发展方向，是否反映员工的心态、被员工认可接纳等。惠普认为人是整个组织中最宝贵的资源和财富。惠普公司会最大限度地尊重人、重视人的价值，建立起以人为主体的企业核心价值观和管理理念。

其次，要强化员工的认同。企业核心价值观和文化模式一旦确立，就应把基本认可的方案通过一定的强化灌输方式使其深入人心。比如充分利用宣传手段，营造文化环境；或是树立典型人物感召企业成员，规范他们的行为；更直接有效的是对组织员工进行培训，通过培训强化企业精神和企业文化的价值准则。为了加强员工的认同感和归属感，惠普让员工通过定期利润分红及购买公司内部股票来分享成功；同时还注重员工的继续教育工程，通过内部培训计划及安排大学学位升级计划来实现。

再者，提炼定格。一个完善的企业文化需要经过一定的时间过程，惠普公司经过将近大半个世纪才形成独特的企业精神和文化。在这一过程中，需要不断地进行分析、归纳、进一步提炼定格。惠普实施的人性化管理方式，如目标管理、走动式管理、开放式管理，都经过长期的反复实践和总结提炼出来，被作为现代企业管理经典案例载入史册，这就是著称于世的"惠普之道"。

最后，要巩固落实和丰富发展。要让经过提炼定格的文化模式有必要的制度保障，建立奖优罚劣的规章制度，另外领导的率先示范也起到决定性的作用。当内外条件发生变化时，企业文化也应相应不断地进行调整、更新、丰富、发展。成功的企业不仅需要认识目前的环境状态，而且还要了解其发展方向，并能够有意识地加以调整，选择合适的企业文化，以适应挑战。21世纪的惠普经历了重重变革，如总裁人选的变更、合并康柏公司等。尽管如此，惠普依然锐意进取，不断探索整合企业文化发展的新方向，为其他企业做出了榜样。

【狼性执行说】

企业文化对于一个企业的成长来说，看起来不是最直接的因素，但却是最持久的决定因素。资金的多少、技术的高低、优质的产品、完善的服务、精明的决策，往往依托于企业深厚的文化底蕴。正如惠普新总裁卡莉·菲奥里纳所说的那样："惠普的精髓，就是我们的创造力、我们的核心价值以及行为准则的精神。"这充分地体现了惠普有效的执行力。

第十四章
结果，没猎物就闭嘴

有些比较大的狼群会分成几个分队出去捕猎，有时大家都能捕获猎物，有时其中的一分队就可能空手而归。其中，空手而归的狼群只有吃别人剩下的食物，或者干脆就是饿肚子。这种时候，它们没有任何发言权，因为它们没有执行到位，没有获得大家想要的结果。所以，在狼群中有一个潜规则：没有猎物，那就闭嘴。

其实，这种潜规则也可以理解。执行就是实现战略目标的过程。而对企业来说，最关心的便是执行的结果，因为执行的结果直接关系到战略目标实现的优劣，更是决定企业命运的关键所在。

一切靠结果说话，同样是狼群具有超强执行力的另一个重要因素。白疤狼和它领导的狼群，之所以能在干旱的大草原上繁衍生息，不仅仅是因为它们能够不找借口地去执行每一项任务，还在于它们尽力执行好任务，取得自己所要的结果。在今天，商业竞争比以往任何时候都要激烈而残酷，执行力已成了决定企业生存与发展的至关重要因素，企业要想获得更好的出路，就一定要像白疤狼所领导的狼群一样，不仅要没有任何借口地去执行，更要重视执行的结果，培养出一切靠结果说话的执行精神。

许多成功的企业，不仅仅注重执行的过程，更注重执行的结果。现在让我们来看看他们是怎么做的，怎样因为执行力的提升而提升了自我的竞争力。

从猎物去追寻捕猎过程

在我们的世界

猎物决定一切

有猎物

就是一条好狼

没有猎物

再怎么会叫也没有用

猎物

是我们生存的唯一途径

也是我们反思的工具

从猎物的多少

我们就可以反思捕猎技术的好坏

……

——【狼性宣言】

通过猎物来反思捕获猎物的过程是狼群提高执行力的一个有效途径。那么，为什么在同样的捕猎条件下，这个狼群的捕获猎物多，而另外一个狼群捕获的猎物少呢？问题就出在捕获猎物少的这群狼在捕猎过程中有些地方做得不够好，比如围捕不严密、冲锋速度不够快……

通过结果对过程进行反思，也是很多企业提高执行力的一个方法。摩托罗拉就是这样一个公司，它因注重执行结果而关注执行过程。

企业是由不同的部门和员工构成，不同的个体在思考、行动时难免会产生差异。如何尽可能使不同的"分力"最终成为推动企业前进的"合力"呢？只有依靠企业文化，"执行"也不例外。

从某种程度上说，企业执行力文化比任何管理措施或经营哲学都管用。摩托罗拉的 CEO 爱德华·詹德对这点就十分认同。

像许多业务繁杂的大公司的 CEO 一样，詹德刚刚接任此职位之时，面临的第一大困难就是业务的取舍。除了占营业收入总额约 40% 的手机业务外，摩托罗拉还涉足芯片、机顶盒、家庭影院设备、有线调制解调器、无线通信基础设施、网络设备和汽车电子等。

然而，无所不攻则无所攻。由于业务过于分散，摩托罗拉显然无法在所有市场的竞争都是有利的。詹德的难题在于，是应把重点放在改善一两种核心业务的业绩以达到华尔街的短期预期，还是应致力于进行彻底改造，使这家有 75 年历史的公司重新焕发生机？在这方面，他有先例可循。1993 年，郭士纳任 IBM 公司 CEO 后选择了后一条道路。这条路虽然风险大，但回报也会更大。

对于摩托罗拉该走哪条路，一些分析师建议詹德集中全力，搞好手机业务，因为从营业收入来说，手机业务是其核心中的核心——在剥离芯片业务后，手机业务占摩托罗拉总营业收入的比例将超过 50%。而另一部分人却指出，这是一种短视而灾难性的做法，因为手机市场已经接近饱和，且竞争异常激烈，利润率的下降之势已经形成，把重兵放在手机业务上无疑是死路一条。摩托罗拉的对手诺基亚已认识到这一点，并正在将业务重心逐渐由手机转移到其他潜力更大的业务上。这些分析师认为，摩托罗拉也应在手机业务市场份额进一步下滑前及时抽身，并完全从其他消费电子市场退出。

不论是第一条路还是第二条路，似乎都不太适合摩托罗拉。前者只关注短期利益，而后者则反之。真正优秀的管理者却应尽量做到短期利益与长期利益兼顾。这就要求要对公司有一个透彻的了解。正如詹德所说的："要打造一家卓越的公司，重要的是要弄清楚什么是自己的强项。"

詹德上任后的第一件大事就是了解摩托罗拉。在剥离芯片业务后，摩托罗拉将剩下五大业务：手机、基础设施设备、双向无线电系统、汽车电子和有线电视。这五大业务中，有 3 个去年营业收入下滑，只有汽

车电子和双向无线电系统有所提高。詹德面临着选择，他说："对于一个CEO来说，知道是否应收购一些新业务或舍弃一些业务是很重要的。"

摩托罗拉的技术优势在于移动通信，这是詹德的看法。这种判断无疑是正确的，关键在于如何发挥这种优势。如果仍然走单纯的语音移动通信的老路子，其优势将难以持久。

将语音通信、媒体与数据服务融合在一起的无缝移动就是一个重要方向。无缝移动其实指的就是无论在何时何地，使用何种技术，不同网络和设备之间都能实现顺畅的连接和运行。目前的电子设备犹如圣经《巴别塔》故事里的那群人，因"语言"不同，互通性很差。消费者在对新产品的新功能感到兴奋之余却发现，这些设备难以互通兼容。这是一个挑战，也是一个巨大的市场机会。按照詹德设想，在无缝移动中，所有电子设备，都能融合在视频、音频和数据中。

摩托罗拉总裁兼首席运营官迈克·扎菲罗夫斯基认为，无缝移动的含义有三，即业务、设备和网络的无缝移动。他说："融合的业务网络将使多个复杂网络融合到一起，使之具备统一的终端用户业务及接入到任何地方的能力。无缝移动设备也将使产品和业务能在多个网络之间无缝运行。"詹德指出，摩托罗拉要做的就是为从前端到后台的所有通信领域提供全方位的解决方案。

实事求是地说，无缝移动的概念并非詹德首创，但他明确提出将其作为下一步重要发展战略，并采取切实措施加以贯彻，并且人们看到了他的决心。

最终摩托罗拉宣布将其一键通（PoC）方案扩展到多个技术领域，使用户能够实现GPRS、CDMA20001x、Wi-Fi等不同网络之间及网络内的一键连接。

不久后摩托罗拉就宣布，准备收购Force Computers公司。后者主要为电信设备、航空电子和医疗成像等领域的原始设备制造商提供嵌入式设备和单板电脑。摩托罗拉发言人杰夫·马德森表示，收购Force Computer符合摩托罗拉正在制订的计划，这起收购是该公司实现无缝移动的重要一步。

之后仅过了3天，摩托罗拉又与法国电信宣布签署了一份联合开发和应用综合无线服务的谅解备忘录。根据该备忘录，双方将组建联合研发组，利用一系列无线接入网络和技术，开发并应用针对家庭、办公室、汽车等的创新性综合服务。双方在声明中指出，在当今的市场中，电信运营商和设备制造商有必要建立新型关系，以应对日益激烈的竞争以及电信、IT和多媒体行业融合所带来的挑战。摩托罗拉正在一步一步地朝着其无缝移动的目标迈进。

无缝移动是詹德整合摩托罗拉业务的重要一环。此前，摩托罗拉存在一个致命伤：事业部之间各自为政，公司缺乏整体的、连贯一致的战略。"难道摩托罗拉只是一个由互不相关、各自为政的业务部门组成的集合？"詹德说，什么时候批评者不再这样问了，他也就成功了。

在高尔文任内，摩托罗拉就开始了产业链的调整。通过一系列的并购，其触角伸到了包括终端、内容、网络设备、软件、嵌入式电子产品等在内的诸多领域。詹德要做的就是加强业务之间的整合，使摩托罗拉成为一家有机整体的公司，以充分发挥其技术优势。

摩托罗拉的技术优势是毋庸置疑的，但在将这种优势转化为市场优势的过程中，它还是遇到了许多问题，而把握市场机会方面的迟钝就是其长期以来未能彻底解决的。有运营高手之称的詹德能否摆脱这种"宿命"？

上任之初，詹德就指出了摩托罗拉存在的几大显著问题：一是手机市场份额下降；二是错失产品周期；三是即使遇到合适时机、有合适的东西，它也有可能失败。他从员工那里了解到一件事：摩托罗拉曾在1999年设计了一款照相手机，后来放弃了。2003年，照相手机流行，但摩托罗拉却因没有这种手机而与市场失之交臂，摩托罗拉市场洞察力不强的缺陷暴露无遗。翻盖手机最早也是摩托罗拉推出的，但它却没有培育出市场，直到三星引领出翻盖手机的潮流，摩托罗拉才享受到了迟来的果实。詹德面对的一大挑战是如何重新夺回手机市场份额、进一步加强与客户关系，以及将研发转化为市场。

技术出身的詹德曾表示,摩托罗拉最吸引他的地方是它有众多的研发项目和专利。这是一个宝库,关键在于如何挖掘利用。筛选和取舍是不可避免的,1月份的时候,詹德要求首席技术官帕德马斯里·沃里尔召开一次技术评审会。在评审会上,研究人员向他演示了公司正在进行的主要研发项目,这些项目每年耗费的资金高达40亿美元。

令詹德吃惊的是,摩托罗拉的研发与其产品线一样异常庞杂,一些研发甚至给人一种与摩托罗拉毫不相关的感觉,比如囊肿性纤维化试验。个性幽默、直率的詹德说:"我发现摩托罗拉有一样做得很好,那就是它爱钻难题。"他坦白表示,摩托罗拉不仅要缩小其研发范围,还必须注重结果。

其实,多年来摩托罗拉的前任也在不断重复表示要转变其沉郁的偏重于技术的文化,使摩托罗拉成为一家行动迅速的消费电子巨头。然而,与客户关系的疏远使这种转变成为纸上谈兵。与高尔文不同的是,詹德上任后频繁拜访众多重要客户,听取他们的意见,了解其需求。詹德声称,他无意改变摩托罗拉的文化,而只是要往里添加一些东西,包括责任心、执行力、速度、竞争和客户满意度。

詹德的挑战之一是给员工灌输以客户为中心的观念。他用许多时间来与客户和员工进行沟通。詹德在 SUN 时的同事马苏德·贾巴尔认为,詹德对竞争力和客户的重视有助于他重塑摩托罗拉。马苏德·贾巴尔说:"我相信,他会给摩托罗拉的品牌注入新的含义。摩托罗拉将比以前更加重视客户。"EMC 公司首席执行官图奇也说,詹德头脑清晰,是一个强有力的竞争对手,但也非常值得尊重,即使是在网络繁荣时期,詹德对客户也非常友好。一家无线电设备公司 CEO 说:"摩托罗拉需要一个懂得技术,还要了解客户的人,他正是这样一个人。"

在日常工作中,詹德也希望用一些实际的例子,增强经理们的市场敏感度。他使用的无线电子邮件机是 Good Technology 公司生产的,因为摩托罗拉没有类似产品。其实,曾经在寻呼机市场呼风唤雨的摩托罗拉本应很早以前就占领无线电子邮件机市场了,但它没有意识到这个市场机会。一次,詹德指着他用的那部无线电子邮件机问一些经理:"你们准备采取什么措施？"这些经理回答说："那东西现在还不成气候。"这种对市场的麻木让詹德感到惊讶。他说："难道你们没有看过《引爆趋势》（The Tipping Point）这本书吗？"这本书讲的是一些获得巨大成功的产品是如何慢慢地由涓涓细流逐渐转化为洪流，然后释放出势不可挡的能量来。詹德强调，如果在引爆趋势出现之前还没有进入某个市场，那就为时已晚。

詹德从 IBM 公司前 CEO 郭士纳的经历中获得了灵感。郭士纳刚上任时并没有提出什么重大构想，而是把主要精力放在提高公司的执行能力上。今天的摩托罗拉与当年的 IBM 确实有某些相似之处。一些分析师指出，摩托罗拉往往是在制定出战略后却无法落实。詹德认为，摩托罗拉现在并不需要进行大规模的调整，而是要提高执行能力。他说："什么都取代不了出色的执行能力。人们要我拿出一种宏大的构想，可是，目前我从客户那里听到的就是'执行！给我产品！提高公司效率！'"

因执行能力不足而痛失市场先机，这在摩托罗拉已不止一次。2002年彩屏手机热销，摩托罗拉却未能大批生产，部分市场份额拱手让给了三星。2003 年 12 月，摩托罗拉再次失手。由于生产问题，它未能及时将圣诞节期间旺销的照相手机交付给无线运营商。

詹德很清楚摩托罗拉的"阿喀琉斯之踵"。他表示，尽管在摩托罗拉还没有遇到倒闭的问题，但公司上下仍必须要有紧迫感。对于摩托罗拉来说，"紧迫感"是一个恰如其分的词。多年来，摩托罗拉已经形成一种行动迟缓的习惯。有人这样形容：在半导体行业，当摩托罗拉宣布要建一座芯片厂时，市场周期已经结束了。他遇到的真正的问题是，如何给摩托罗拉已经形成的谨小慎微的、官僚的文化注入一种紧迫感。

改变一家公司必须先改变这家公司的人，詹德明白这一点。摩托罗拉的高级领导班子共有 21 名成员，包括 6 个主要事业部的负责人。詹德说："我组建了一个开始行动的班子。聪明的人知道差错出在什么地方，什么地方需要改进。"据詹德身边的人说，他评价和激励高级经理的方式、措施和决策也与以前有很大不同，此外他还鼓励大家争论。

这个高级领导班子的第一个措施之一就是改革员工的评估和薪酬方

式。摩托罗拉8.8万名员工的奖金将与整个公司的业绩而不是各自所处的业务部的业绩挂钩。员工的业绩表现由营业利润和现金流来确定。詹德还特地加了3个指标，即质量和客户满意度、营业收入增长和团体协作情况。

这些措施有助于解决摩托罗拉各大事业部之间的分裂状况，有时这些事业部之间会相互争夺客户和人力物力。在1990年代的克里斯多弗·高尔文时代，六大事业部被戏称为"交战的部落"。詹德提出，要让所有事业部像一个事业部那样思考。他说："我们要把这些墙推倒。我要让每个员工明白，我们要相互依存，并要考虑相互协作。"

通过詹德对摩托罗拉这一系列的改革，使得它变成为了一个快速执行的团队，也获取了更为广阔的市场空间。

【狼性执行说】

通过执行的结果来反思执行过程的好坏，是很多企业领导者惯用的手段之一。对于企业来说，只有从过程中来把握执行，才能真正提高执行的力度和宽度。

要猎物就要解决问题

捕猎之时
我们之所以总是群起而攻之
很关键的一点
在攻击之前
我们已经把问题全部解决了
……

——【狼性宣言】

既然狼群在捕猎过程中遇到了问题而没有捕获到猎物，那么，接下来就应该解决所遇到的问题，而不是单纯地为了提高执行力而捕猎。对此，我们可以做一个形象的比喻：车子在前进时在路中间遇到了一大块挡道的石头，那么要想让车加快速度，就应该把挡道的石头搬离道路，而不是单纯地为了加快速度而不停下来搬石头。

如今，在评判一个企业发展优劣的问题上，人们谈论得更多的是执行力。而许多事实也充分证明，企业的发展速度要加快、规模要扩大、管理要提升，除了要有好的决策班子、好的发展战略、好的管理体制外，更重要的是要有执行力。它能够使团队形成自己独特的发展优势和竞争优势，是团队成败的关键因素。

众所周知，企业决策人对企划方案的认可，需要得到严格执行和组织实施。一个好的执行人能够弥补决策方案的不足，而一个再完美的决策方案，会因为没有执行力而夭折。从这个意义上说：执行力是企业成败的关键。

一个对技术没有太多追求的公司，却在崇尚技术的 IT 产业胜出；一个看似简单明了的直销模式，却让那些采用更为复杂的分销体系的电脑厂商感到神秘莫测。这就是戴尔公司。

戴尔公司的直销模式取得了令人瞠目结舌的成功，其实在直销的背后，都要归功于公司的执行能力。深入挖掘我们会发现，戴尔所运用的直接销售与接单生产方式，并非仅是跳过经销商的一种行销手法，而是整个公司策略的核心所在。

迈克尔·戴尔（Michael Dell）就是对"执行"极为内行的专家。戴尔的成功很大程度上可以归结为迈克尔·戴尔本人的执行力。迈克尔·戴尔的特质之一是极有远见，而且通常在认定一个大方向以后，就亲自披挂上阵，带领全公司彻底执行。

在推动国际互联网的深度运用与普及化的过程中，戴尔很早就意识到，互联网将会彻底改变人类生活形态与工作习惯，而且是直接销售的终极利器，因此有必要大力宣传、推动公司内对互联网的重视。因此，那一阵子全公司处处可见一张大海报，戴尔本人一脸酷相，半侧着身子，

一手直指向你，海报上印了一行大字："Michael wants you to know the net!"的字样。戴尔还在好几个公开演讲中热情洋溢地强调他对互联网的看法。结果，戴尔电脑有70%的营业额是通过网络下单成交。而且公司内部绝大多数的管理制度及工具，都已经在网络上行之有效了。

此外，在对供应商进行选择管理时，戴尔采取的是依靠OEM生产模式运营的企业，原材料供应商和产品制造商的管理是戴尔公司的关键，戴尔本人不仅对各个供应商的报价和产品标准细节了如指掌，还派高级管理人员不断巡视这些厂家，而且每年要亲自到供应商的生产现场考察数次，对生产细节深究不已。

对比戴尔与其竞争对手，我们可以发现其中有很大的不同。与同样采用直销的其他公司相比，戴尔无疑是效率最高、最优秀的。

任何采用直接销售的公司都有特定的优势：能控制价格、没有经销商瓜分利润、销售人员对产品高度投入。不过这并非戴尔的专利，像捷威（Gateway）也是采取直接销售，但它近期的表现却不比戴尔的其他对手来得好。戴尔眼光独到之处在于：接单生产、优异的执行能力，再加上盯紧成本，让他立于不败之地。

以传统大量生产的制造业而言，大都是以预估未来数月的需求来设定生产数量。如果像一般计算机厂商那样，各项零组件均交由外包，本身只负责组装，便需要告知零组件供货商自己预估的数量，并议定价格。如果销售情况不如预期，大家手上都会堆积着销不出去的存货；如果销售情况超出预期，又得手忙脚乱地应付市场需求。按单生产，即工厂是在接获客户订单后才开始生产。与戴尔配合的零组件供货商也是采取接单生产，戴尔在客户下了订单之后，再开始生产。等供货商交货后，戴尔立即开始组装，并在装箱完毕数小时之内就运送出去。这套系统能压缩接到订单至出货的整个流程时间，因此戴尔能够在接到订单的一周、甚至更短的时间内就将计算机交货。这套系统让自己与供货商的存货都减到最少；因此，戴尔的客户更能及时享有最先进的产品。

按单生产能改善存货周转率，因而可以提升资产流动速率（Asset

Velocity），即销售额占企业净资产的比率（所谓净资产，最普遍的定义包括厂商与设备、存货，应收账款减应付账款）。这一比率是企业获利的要素，却往往被人忽略。

提高资产流动速率可提升生产力，降低流动资本（Working Capital），亦可改善有如企业血液一般的现金流量，并提高获利率、营收与市场占有率。存货周转率对个人计算机厂商尤为重要，因为存货在其净资产中占有最高比例。如果销货低于预期水准，像康柏这种采用统一方式大量生产的制造商就会囤积大量的滞销存货。再者，微处理器等计算机组件功能日新月异，而且价格不断下降。因此个人计算机厂商要从账面上打消滞销或过时的存货，这就可能让他们接近无利可图的边缘。

戴尔每年的存货周转率可达八十次，而竞争者只有十到二十次，而且戴尔的流动资本为负值，因此能创造惊人的现金流量。2001会计年度的第四季，戴尔的营业收入为81亿美元，营业利润率7.4%，而来自营业的现金流量为10亿美元。2001会计年度的投入资本报酬率为355%——以其销货量来看是相当惊人的水准。高资产流动速率使它能领先竞争对手，让客户享有最先进的科技产品，公司也能因零组件降价而得益——提高获利率或降低产品价格。在个人计算机业成长趋缓后，戴尔所以能令竞争对手没有还手之力，以上所述正是主要原因。戴尔在这些厂商陷于困境时，利用削价扩大市场占有率，进一步拉大与同行业的差距。由于资产速率高，则使获利率衰退，戴尔仍能维持高资本报酬率与正现金流量，令对手望尘莫及，这套系统之所以能成功，完全是由于戴尔在每一阶段都能一丝不苟地切实执行。透过供货商与制造商之间的电子连系，创造出一个合作无间的延伸企业（Extended Enterprise）。某位曾担任戴尔制造主管的人士便称赞戴尔的系统为"我所见过最佳的制造作业"。

戴尔的浮华成功背后，我们不能忽视了执行的力量，正是优于竞争对手的执行效率使戴尔在没有太多自主技术成分的劣势下反而占据了更多的市场份额，这才是戴尔成功的根本因素。

有许多企业都在解读戴尔，竞争对手也在模仿戴尔。但时至今日，他们只能照猫画虎地生搬硬套戴尔的直销模式，难免不落得个画虎类犬。究其原因，如果仅仅知道直销，充其量也只能算是知道了戴尔成功的皮毛，只有知晓了执行力在戴尔成功中的地位，才算是触及到戴尔成功的灵魂。

【狼性执行说】

执行的过程中一旦出现了问题，执行就会受到影响。企业领导者只有在执行之前，将这些问题解决掉，执行才会顺利，执行效率才会高、执行力才能获得提升。

捕猎中的风险

狼群的力量是强大的
但是狼群也有自己的危险
我们不仅要捕猎
还要躲避危险
只有同时做到了这点
我们才算获得成功
才有生存下去的资格
……

——【狼性宣言】

虽然在捕猎过程中，狼群是作为猎手，但这并不表示狼群就是绝对安全的，它们不会遭到其他动物的猎杀。因此，白疤狼群在捕猎的时候，也会派出自己的警戒部队在周围巡逻放哨，以防遭到其他动物的攻击。

正所谓"螳螂捕蝉，也应该提防黄雀在后"。

在商业竞争中，未必一切都是好的，危险随处可见，并且经常会突如其来。因此，随时对执行进行控制，成了管理者们必须要研究的一门课题。但是，面对危机时的管理绝对不是某些领导者认为的那样：只有当危机出现了以后才开始的所谓管理。危机既是危险，又是机会，危机管理是"刀尖上的舞蹈"，也是在风雨飘摇的时刻在钢丝上的游走。

两年前，站在美国密歇根大学的讲台上，吉尔马丁给该校 MBA 学生做了一次演讲，题目是"变革时代的领导：成功的危机管理"。他说，不要祈祷危机会远离，一个公司必须发布坏消息，在别人把坏消息捅出来之前，就让公众听到自己的讲述。

美国强生公司成立于 1887 年，是世界上规模大、产品多元化的医疗卫生保健品及消费者护理产品公司。据《财富》和《商业周刊》在 1997 年公布的结果，强生公司市场价值指标评比名列全球第 20 位，并位居全美十大最令人羡慕的公司之列，1999 年全球营业额达 275 亿美元。目前，美国强生在世界上 50 个国家拥有 164 个子公司，9 万多名员工，产品销往 175 个国家。

1982 年 9 月，美国芝加哥地区发生有人服用含氰化物的泰诺药片中毒死亡的严重事故，一开始死亡人数只有 3 人，后来却传说全美各地死亡人数高达 250 人。其影响迅速扩散到全国各地，调查显示有 94% 的消费者知道泰诺中毒事件。

事件发生后，在首席执行官吉姆·博克（Jim Burke）的领导下，强生公司迅速采取了一系列有效措施。首先，强生公司立即抽调大批人马对所有药片进行检验。经过公司各部门的联合调查，在全部 800 万片药剂的检验中，发现所有受污染的药片只源于一批药，总计不超过 75 片，并且全部在芝加哥地区，不会对全美其他地区有丝毫影响，而最终的死亡人数也确定为 7 人，但强生公司仍然按照公司最高危机方案原则，即"在遇到危机时，公司应首先考虑公众和消费者利益"，不惜花巨资在最短的时间内向各大药店收回了所有的数百万瓶这种药，并花 50 万美元向

第十四章 结果，没猎物就闭嘴

有关的医生、医院和经销商发出警报。

对此《华尔街日报》报道说："强生公司选择了一种自己承担巨大损失而使他人免受伤害的做法。如果昧着良心干，强生将会遇到很大的麻烦。"泰诺案例处理成功的关键是因为强生公司有一个"做最坏打算的危机管理方案"。该计划的重点是首先考虑公众和消费者的利益，这一信条最终拯救了强生公司的信誉。

事故发生前，泰诺在美国成人止痛药市场中占有35%的份额，年销售额高达4.5亿美元，占强生公司总利润的15%。事故发生后，泰诺的市场份额曾一度下降。当强生公司得知事态已稳定，并且向药片投毒的疯子已被拘留时，并没有将产品马上投入市场。当时美国政府和芝加哥等地的地方政府正在制定新的药品安全法，要求药品生产企业采用"无污染包装"。强生公司看准了这一机会，立即率先响应新规定，结果在价值12亿美元的止痛片市场上成功地挤走了它的竞争对手，仅用5个月的时间就夺回了原市场份额的70%。

强生处理这一危机的做法成功地向公众传达了企业的社会责任感，受到了消费者的欢迎和认可。强生还因此获得了美国公关协会颁发的银钻奖。原本一场"灭顶之灾"竟然奇迹般的为强生迎来了更高的声誉，这归功于强生在危机管理中高超的技巧。美国强生公司因成功处理泰诺药片中毒事件赢得了公众和舆论的广泛同情，在危机管理历史中被传为佳话。

【狼性执行说】

企业在执行过程中所存在的威胁不亚于狼群捕猎时所存在的威胁，如果不排除这些威胁，将会影响到企业的执行。只有执行和规避威胁双管齐下，企业的执行力才会得到真正的提升。

一切靠结果说话

> 一流的狼能捕获一流的猎物
> 三流的狼只能捕获三流的猎物
> 狼的能力
> 决定所捕获猎物的大小
> 也从某种程度上决定了它的生存空间
> ……
>
> ——【狼性宣言】

捕猎能力强的狼群，捕获的猎物往往都是大的猎物，比如羚羊、斑马、角马等，而捕猎能力弱的狼群则只能捕获一些小的猎物，如土拨鼠、野兔、山猫等。这也就是说，从狼群捕获的猎物大小我们就能评判狼群捕猎能力的大小。

在企业之中，这种行为就是一种执行效果的评估。林肯电气公司就是通过注重执行效果评估来提升执行力的。

执行评估是执行反馈的关键，是执行改进的起点。许多企业没有对执行结果进行有效的评估，是许多执行失败的直接原因。

执行评估本质上也包括过程（行为）评估和绩效（产出）评估。前者意指在战略、计划、策略执行过程中的效力测评；后者意指目标达成的程度和执行所取得的成绩。由于执行本身是一个过程与结果的结合体，甚至是一个层次交迭、纵横交错的复合体系，而且在未达终点之前的阶段性差错必然普遍存在，因此，仅仅强调执行力修炼的方法、步骤、原则，而未对其成效加以考查，那么，执行力修炼的螺旋上升过程中就会缺失上下环之间衔接的关键一环。用《什么是管理》的作者琼

·玛格丽塔的话说:"评估标准像一个灯塔,为大家提供了一个共同的目标和语言。"

"无法评估,就无法管理"。这句管理学中的经典名言警示我们,执行评估构成了有效提升执行力的管理基础。执行层面上,执行评估的缺失必将最终导致执行成为无本之木、无源之水,最终会使执行失败。这正如在足球比赛中,了解最终结果显然是有用的,但它毕竟只是一个有限的信息,如果不能跟踪比赛的全过程,我们就无法知道在比赛的哪一阶段,我们应该采取哪一相应行动。

有一个比方:"评估犹如汽车座位上的安全带,谁都认为它很有必要,但谁都不喜欢去使用它。"而且在正规场合下人们也不愿去使用它。所以不管是主管还是基层员工,都认为评估是件麻烦事,尤其当主管批评下属员工的不良绩效并以书面形式通知员工时,更是如此。因此,他们总是千方百计地寻找某种恰当的方式,使双方都能接受评估的结果,使面子上过得去。的确,在现实中主管对于种种考核办法要么不予重视,要么往往在考核时做出某种修改,但显然这都是错误的。

尽管如此,不论一个正式执行评估体系本身的公信度与效用如何,执行评估的最终意义在于执行力的持续改进和有效激励。

执行评估首先与有效的绩效评估相辅相成。在很大程度上,如前所述,有效的绩效评估构成了执行评估的核心。我们不妨来看看林肯电气如何进行有效的评估工作。

总部位于美国俄亥俄州克里夫兰的林肯电气,在全球的多个工厂生产焊接、切割设备,以及工业用发电机。自从1992年以来,这家公司每季度都创下骄人的业绩记录,常被认为是提升生产力、节减成本的模范。

在林肯电气的组织架构中,绩效评估是核心元素之一。林肯电气的绩效评估分为两个部分:生产数量和绩效排名。每一个部分是对每位生产线员工进行客观、量化的绩效评估,根据生产的合格产品数量论件计酬。这种计件工资制使员工生产出符合标准的产品,从而赚取与本地劳工市场类似工作的工资级别。然而,只要够努力——有时甚至连午餐和休息时间都不停地做——员工就可能赚到两倍、甚至三倍的工资。更有甚者，林肯电气的政策规定，不可以因为员工赚"太多"的钱，就改变计件工资制。最后，只要在林肯电气工作两年以上的员工，每周至少保证都有 30 小时的工时。

第二部分是员工的绩效排名。这些排名是用来决定员工在红利中所占的比例，虽然每年红利几乎都会变动，但红利大致都等于给付的工资总额，即平均每位员工的年终分红能达到当年他的工资总额。此时，员工的绩效评估是根据他的可靠度、工作品质、产出成果、创意点子和团队合作等，且主要是由员工的直属主管来评估。

上面的案例中有不少值得我们琢磨的地方。其中执行者最应该关注的是，林肯电气的绩效评估制度是公司整体生产效率评估的一部分。而公司运用客观、明确的绩效评估（产出数量），以及另一较主观的方法（可靠度与合作度）——绩效排名，将这两部分的结果紧密结合起来，并通过公司的薪酬制度加以落实。

这说明什么？说明执行评估不能仅仅从评估本身来考查，而且还需要将其置于支持、运用、整合这样的整合执行过程中。也就是说，我们需要将视野拓宽到执行的资源支持、执行运用的过程以及不同流程之间的配合关系等层面上。因为执行本身的难点就在于如何进行资源优化配置，如何将各流程进行有机整合并产生效益。

一切靠结果说话，这就是超强执行力团队的强大之谜，也是我们能够执行的更好的原因所在。

【狼性执行说】

做好企业员工执行力的评估也是提升执行力的一个有效途径。很多员工并不是没有能力提升自己的执行力，而只是他们根本就不知道自己执行力低下的事实。要想解决这一点，企业领导者一定要做好执行力评估，让员工知道自己差在哪里。

第十五章
服从，捕杀猎物不需要理由

无论是白疤狼群还是其他的狼群，在头狼发布执行命令时，它们都会以最快的速度去执行，而不是为自己找借口。一个狼群要想提高执行力，就是需要没有任何理由或借口地去执行，坚决服从头狼的分配，并且会积极主动地去完成任务。

服从，没有任何理由！团队的每一个人都应当清楚地认识到这一点，因为这也是整体执行力的最佳表现。在执行过程中确实需要这种绝对服从精神，并且在接受了指令后，就应当没有任何理由地去执行。要知道，在接受任何任务之后，只有尽心尽力去做才能达到预期的目的，否则，便会大大地降低执行的力度。

首先，在操作过程中每一项任务都会存在一定的困难和险阻，不可能很顺利地就能达到预期的效果，倘若在执行过程中认为执行起来有所难度，并因此而寻找理由或借口的话，那么就不可能完成任务。

其次，任何事情只有在结果出现之时才是真实的，在执行前便挑三拣四，担心自己不能做好，必定会影响到执行结果。往往在这个时候，因为有这种心理，而导致执行无效。寻找理由或借口去执行，不仅会给执行过程带来负面影响，还有可能影响到整个团队的存亡。

这一切对个人与团队来说都是没有任何益处的，因此在执行的时候应当没有任何理由地服从，尽自己最大的努力将任务完成。

竞争就是为了获胜而存在

> 狼群之间的竞争
> 目的只有一个——地盘上的猎物
> 只有扩大地盘
> 才能有足够的猎物供给
> 当然，扩大地盘的前提
> 就是狼群必须获得胜利
> 要想获得胜利
> 就必须听从头狼的号令
> 把狼群的力量拧在一起
> 狠狠地掷向猎物和对手
> ……
>
> ——【狼性宣言】

　　一个狼群就是一个有机的整体，但是在这个有机的整体里面，也存在着竞争。每条狼之间通常情况下也会在捕猎时竞争。通过这种内部的竞争，狼群的执行力会得到较大的提高。这和企业内部员工之间的竞争也是一样的。企业是一个有机的整体，但是在这个整体之中，小部分的、内在的竞争不但不会让这个大整体坍塌，而且还能有效提高企业的整体执行力。当然，在现代企业内部竞争中，竞争情报显得越来越重要。

　　竞争情报是近年来兴起的关于竞争环境、竞争对手和竞争策略的信息分析研究及新型的服务方式。美国作为竞争情报实践和理论的发源地之一，其企业开展竞争情报活动是源于经济全球化的发展和日本等外资企业的激烈竞争。20世纪50、60年代期间，随着日本企业在全球范围内的迅速崛起，美国公司在很多传统优势产业的全球霸主地位受到强大的挑战，如通用汽车、IBM、摩托罗拉、柯达、施乐等美国王牌企业在强劲的竞争对手面前纷纷败北，有的甚至被竞争对手彻底打垮。后来美国企业界和经济学家经过认真研究，惊奇地发现日本企业在激烈的商战竞争中取得成功的关键，在于从政府到企业对竞争情报都高度重视。而美国企业则把竞争的失败归结于政府没有采取行政干预措施，没有对国外企业设置相应的关贸壁垒，以保护美国企业的利益。从根本上违背了市场经济"优胜劣汰"的基本规律。

通过认真的反思和总结经验教训，20世纪70年代以来，美国一些公司如IBM、施乐、惠普、摩托罗拉、柯达等先后认识到竞争情报在市场竞争中的重要性，纷纷建立了企业自己的竞争情报研究部门，有效地搜集、分析和利用竞争情报，使得企业在与竞争对手进行的市场争夺战中，重新占有先机，陆续夺回了竞争的主动权。下面就让我们来看看IBM公司是如何在市场竞争中获得成功的。

在20世纪80年代末期，由于IBM公司对市场竞争趋势的判断出现重大失误，忽视了当时迅速发展的个人电脑革命，仍然认为大型主机硬件设备的研制开发会给公司带来持续的繁荣，而且面对瞬息万变的市场，IBM集权化的组织结构和官僚化的管理体制，加快了公司经营危机的来临，到20世纪90年代，公司终于陷入严重的困境中，在1991–1993年，IBM公司的亏损超过147亿美元，成为美国公司历史上最大的净亏损户，其在全球电脑市场上的销售排名1994年下降到第三位，股票价格下跌了50%，公司发展和生存面临严峻的挑战。1993年1月，IBM董事会决定辞退公司总裁，并由曾任职于麦肯锡管理咨询公司的原美国RJR食品烟草公司总裁路易斯·郭士纳（Louis Gerstner）先生临危受命，担任IBM新的董事长兼首席执行官。

郭士纳先生一上台就发现该公司的竞争地位已受到了实质性的侵害。因此，决定对公司的最高决策层和管理层进行改组，以完善具备战略性的领导体制。他成立了IBM中、长期战略决策组织，即政策委员会和事业运营委员会。并认识到了建立一个公司层面统一和正式的竞争情报体

制的重要性，提出要"立即加强对竞争对手的研究"，"建立一个协调统一的竞争情报运行机制"，"将可操作的竞争情报运用于公司战略、市场计划及销售策略中"。在郭士纳先生的大力支持下，IBM 公司启动了一个建设和完善竞争情报体系的计划，并建立了一个遍及全公司的竞争情报专家管理其全部运作的核心站点。IBM 公司的决策层希望通过该计划，能够及时准确地判断企业的竞争对手抢走 IBM 公司客户的手段。为了对付这些竞争对手，公司组织实施了"竞争者导航行动"竞争情报项目，重点针对 IBM 在市场中的 12 个竞争对手，派出若干名高级经理专门监视每个竞争对手，责任是确保 IBM 公司掌握其竞争者的情报和经营策略，并在市场上采取相应的行动，在此基础上建立公司的竞争情报体系。该竞争情报体系包括：完善的管理信息网络、监视竞争对手的高级经理和与之协同工作的 IBM 公司的竞争情报人员，以及生产、开发、经营和销售等职能部门的代表，由这些人员构成一个个专门的竞争情报工作小组，负责管理整个计划中相关方面的竞争情报工作。分布在整个公司的各个竞争情报工作组每天对竞争对手进行分析，通过软件系统为工作组提供在线讨论数据库，使 IBM 公司全球各地的经理们和分析专家能够通过网络进入竞争情报数据库，并作出新的竞争分析。竞争情报小组还使用 IBM 公司的全球互联网技术获取外界信息，利用 IBM 公司的内部互联网技术更新企业内部的信息。随着这一体系的不断完善，竞争情报开始融入到 IBM 公司的企业文化中，在经营过程中发挥了越来越重要的作用。

通过调整竞争情报工作重点及建立新的竞争情报体系，使 IBM 公司各部门的竞争情报力量能够有效地集中对付主要的竞争对手和主要威胁，并提供各种办法提高各竞争情报小组的协作能力，优化了原有的情报资源，增强了公司适应市场变化和对抗竞争的能力，最大限度地满足了客户们的需求，公司销售收入持续增长。竞争情报在 IBM 公司经营改善中的作用也逐步显现出来。据调查，在 1998—2000 年期间，竞争情报对整个公司业绩增长的贡献率分别为 6%、8% 和 9%。IBM 公司在信息技术行业中又重新获得了领先地位，到 2001 年公司利润总额达 80.93 亿美元，股东权益为 194.33 亿元，IBM 高速增长的商业利润再次受到公众的关注。

【狼性执行说】

有竞争，就会有成功和失败。无论是狼群还是企业，只有获胜者才能真正享有胜利的果实。而要想获胜，企业领导者就必须让员工听从自己的号令，就像狼群听从头狼的号令一样，在必要的时刻奋勇出击，把猎物和对手击败。

让效率说话，证明你的强大

在饿死之前捕获猎物
是对狼群最底线的要求
只有又快又准捕获猎物的狼群
才是真正强大的狼群
……

——【狼性宣言】

如何证明一个狼群的强大与否？最显著的标准除了狼群捕获猎物的大小之外，还有狼群捕获猎物时间的长短。即狼群捕猎效率的高低。效率高的狼群自然也就强大，效率低的狼群自然也就弱小。

一个组织要想获得永久的成功，建立组织内部的执行体系是关键。只有通过组织的执行团队来找出组织存在的问题，并采取切实有效的方法来解决问题，才能为组织带来真正强有力的执行力。

在众多的企业纷纷开始重视"执行力"的时候，有一个条件最终会将他们区分开来，那就是执行效率。对于那些执行效率低下的企业，不管对执行力如何的强调，最终都会失败。

柯达自1886年成立以来，一直在全球影像行业中保持领先地位，业务多元化，涵盖传统卤化银技术和数码影像技术各个方面。目前，柯达

公司主要从事传统和数码影像产品、服务和解决方案的开发、生产和销售，服务对象包括一般消费者、专业摄影师、医疗服务机构、娱乐业以及其他商业客户。公司设有四个业务部门：摄影事业部，医疗影像部，商业影像部和元器件事业部。凭借其技术优势、市场规模和众多的行业伙伴关系，柯达公司致力于为客户提供创新的产品和服务，满足他们对影像中所包含的丰富信息的需求。

2004年，柯达销售额达133亿美元，在《财富》全球500强中排名第411名。

1886年，乔治·伊斯曼研制出第一架自动照相机，并给它取名为"柯达"，柯达公司从此诞生。1888年，柯达打出了第一个广告，画面上一只手举着一架柯达相机，旁边是伊斯曼写的自信而自豪的承诺："你压下按钮，其余由我负责。"柯达上市，一举获得成功。

1964年，柯达经过10年的研究，推出了一种"立即自动"相机，这种相机机型更加简单轻便，易于携带；操作简便，无需测距对光，就能拍出清晰的照片；底片装卸便利安全。这种"老少皆宜"的照相机上市之初就销掉了750万架，一举创下了相机销量的世界最高记录。同年，正值"立即自动"旺销之际，柯达了解到电子闪光灯设备不够完善，每照一张相片就得换一个灯泡，于是又于1965年推出使用方便的方型四闪镁光灯装置。1970年，柯达为弥补方型四闪镁光灯离不开电池的缺陷，进一步推出了"新奇X系列闪光灯"。1973年，超小型匣式柯达相机诞生，这种相机方便到可以放在口袋或手提袋里，而且照出的相片画面清晰。这种相机上市后仅3个月在美国本地就销售了100多万架，全世界销量达1000万架；在台湾，柯达相机的家庭普及率猛增到40%。人们都称它为"傻瓜相机"。

柯达在定价中采用独特的"牺牲打"策略，取得了巨大的成功。所谓"牺牲打"，即以一种产品作为扩充市场的先锋，以高质低价格在市场上站稳脚跟之后，通过扩大相关产品的销售量弥补先锋产品跌价所造成的损失。

1964年，柯达推出"立即自动"相机之后，定价相当低，最低达13

美元，8种机型中，有一半在50美元以下。更出人意料的是，在柯达相机备受欢迎、销售直线上升之际，柯达公司宣布：柯达相机，人人可以仿造。柯达将10年的研究成果公之于众，这种大将风度令人大惑不解。然而不久人们就明白了，并且为柯达的精明所折服。原来，柯达早就考虑到了随着照相机销量的增加，胶卷冲印服务肯定会有大量的需求。于是在大家争相生产"立即自动"相机之时，柯达已将生产能力重点放在了胶卷的生产和冲印上。果然，柯达的胶卷销量猛增，同时几乎垄断了整个冲印市场。"迷你型"相机上市后，柯达又以同样的方法，降低价格，使"人人都买得起"，结果柯达的胶卷、照相机及相关器材的销量扶摇直上，尽管爱克发拼力使出密集式供应的老方法，富士、樱花不惜血本降价，但总敌不过柯达胶卷的销售量。

柯达的成功与柯达公司建立品牌忠诚的持续努力是分不开的。

柯达建立品牌忠诚的努力之一是经常举办或赞助一些摄影大赛或文体活动。1897年，柯达举办了一次业余摄影大赛，参加者达25,000人之众。1904年，柯达又发起了一次旅游柯达摄影展，展出了41幅摄影作品。1920年，柯达在美国许多公路两旁的风景点竖起了写有"前面有风景"的路标，提醒开车的人注意安全。1984年洛杉矶奥运会之前，柯达一直垄断着世界体育大赛的胶卷专售权。

柯达建立品牌忠诚的另一着眼点在于建立清晰而有力的品牌识别。柯达的品牌识别可以总结为两个词：简单（主要针对产品特征而言）、家庭（主要通过营销沟通和视觉形象来传播）。20世纪初，柯达推出了两个重要人物来代表产品，即男孩布朗尼（Brownie）和女孩柯达（Kodak）。两个人物形象不仅代表着产品容易操作（因为连小孩都可以操作），而且与孩子和家庭联系起来。柯达早期广告多表现有孩子、狗和朋友的家庭场景，而且多为发生在我们身边的易于拍摄到的镜头。20世纪30年代，人们常可以从电台上收听到"柯达时刻"的特别节目，节目主要是描述一些家庭影集。1967年柯达的一则广告获了奖。广告内容是：一对60多岁的夫妇在整理阁楼时发现了一些旧时的照片，有的是20来岁，正值青春年少；有的是结婚、度蜜月、生第一个孩子时的照片，还有的是参加

第十五章 服从，捕杀猎物不需要理由

儿子毕业典礼的照片。结尾时，这位老奶奶正在用立即自动相机为刚出生的孙子拍照。柯达正是通过宣传这一幕幕难忘的时刻来打动消费者的心弦。

消费者对柯达的忠诚还来自柯达面临逆境时仍把消费者利益放在首位上。如1964年柯达推出的"立即自动"相机在进入市场仅一年之后就占领了自动相机市场1/3的份额，但是拍立得公司却抢先一步取得了专利权并警告柯达公司退出市场。这对柯达来说，打击无疑是沉重的，但是柯达在深受损失的同时仍然没有忘记消费者的利益。它宣布：邀请消费者返还立即自动相机，每返还一架可以换取一架柯达光盘相机和胶卷，或者价值50美元的一件其他柯达产品，或者一只柯达股票。柯达用这种方法，在推销光盘相机的同时，加强了与消费者的联系，巩固了消费者对柯达的忠诚。

从20世纪50年代起，富士、樱花、爱克发等品牌就纷纷崛起，不断向柯达发起猛烈的进攻。面对这些进攻，柯达不惜一切代价进行反攻，才使得霸主宝座不致被人夺走。

富士一直是柯达的最强劲的对手。在第23届洛杉矶奥运会前夕，正当柯达公司与奥运会筹备人员为赞助费讨价还价时，富士主动出击，积极申请参加赞助，甚至把赞助费由400万美元提高到700万美元，使得奥运会上，富士大出风头，销量激增，给柯达以重创。除此之外，在中国市场上，日本又抢先一步适应中国文化，在胶卷包装上印上中文说明和北京名胜天坛，这比包装上全是英文的柯达胶卷更能打动中国消费者。这些行动一度使柯达总是慢富士半个节拍，处于被动不利的局面。

面临竞争，柯达的做法之一是：以眼还眼，以牙还牙。洛杉矶奥运会受挫后，柯达决定以其人之道还治其人之身，入对方的虎穴一搏。1984年8月，柯达企划主管西格先生飞赴东京，研究如何在这块"拍照乐土"上与富士争霸。当时，日本摄影用软片和相纸市场规模高达22亿美元，而柯达只占10%。其症结在于，柯达虽在日本做了四年的生意，但从无长期经营规划。公司在日本既无直接销售网，也无生产据点，更无驻地经理，在东京的 25 位职员，完全依赖各地的经销商。经过周密的计划，西格开始出击。1984 年，柯达花了 5 亿美元在东京建立了一个总部，在名古屋附近建立了一个研究和发展实验室，并将其在日本的雇员从 12 人扩大到 4500 人。结果 6 年间，柯达在日本的销售额扩大了 6 倍，1990 年销售额达 13 亿美元。与此同时，富士在日本国内的销售额开始下降，以致富士公司不得不将其在国外的一部分最精干的工作人员撤回东京，以抵挡柯达的袭击。柯达在日本的成功完全是依靠打破了美国式的经销观念和经销模式，让柯达在日本成为与富士一样的"日本公司"，而不是一家在日本的外国公司。

柯达的另一成功之道是向对手学习。在柯达公司制造部总经理威廉.F.福布尔办公室里，挂着一桢白雪皑皑的雄伟庄严的富士山大幅照片。福布尔说："它不断提醒我要注意竞争。"在柯达公司的实验室里，研究人员有条不紊地对富士胶卷进行分析。一位研究员说："这叫做'照搬术'，富士公司怎么改进，我们就如法炮制。我们对富士公司着了迷。"多年来，富士公司销售的胶卷色彩鲜艳，柯达公司的研究人员当初认为它的色彩失真，但他们很快就发现顾客喜欢富士胶卷，于是柯达推出"VR－G"系列胶卷，其色彩与富士胶卷同样鲜艳。

另外，广告宣传也是柯达竞争的一个重要手段。柯达为了与富士竞争，在广告上投入了大量金钱。在富士准备投入大量资金促进海外销售时，柯达投入 3 倍于富士的资金用于在日本做广告。柯达不惜重金在日本众多大城市中设置了价值 100 万美元的当时日本最高的巨型路标。不仅如此，柯达还出资赞助参加 1988 年汉城奥运会的日本代表团，以报 1984 年洛杉矶蒙羞之仇。同时，柯达还早早支付了 800 万美元，以获准使用奥运五环标志，来击退富士的进攻。为彻底打败富士，柯达花费 100 万美元特地购置了一艘飞艇，装饰上醒目的柯达标志，在日本城市上空整整飞行了 3 年，还特别挑衅似地在东京富士总部的上空来回盘旋，致使日本舆论界纷纷指责富士丢了日本人的脸。为挽回影响，富士不得不付出 2 倍于柯达的代价，专门从欧洲调回富士的飞艇，在东京上空飞行了 2 个月。

从上面不难看出，柯达的每一次执行都极其有效率，这也是它之所以获胜的关键所在。

【狼性执行说】

完美执行的两个要素，除了需要执行的结果之外，还需要执行的时间，即效率。只有在比别人更短的时间里更好地完成任务，你才有可能是最后的赢家。否则，你很有可能被淘汰，没有任何后悔的余地可言。

做一群快速飞奔的狼

狼——

从小就受到教育：

如果你跑不过最慢的那只羚羊

那么你就会饿死

你只有快速飞奔

追上最后一只羚羊

并且咬断它的脖子

你才有活下去的希望

……

——【狼性宣言】

狼群服从头狼的安排不仅表现在执行头狼的命令上，还表现在执行的速度上。一条真正服从头狼的狼在执行命令时速度会很快，而一条"阳奉阴违"的狼在执行任务时会拖拖拉拉、故意拖延。这一点，和企业当中某些员工的做法是一致的。

我们正生活在一个速度制胜的时代。创新和资讯的冲击所带来的最直接影响，就是让人们逐渐认识到市场竞争其实就是一场速度制胜的游戏，只有抢占先机者才能胜算在握。

微软曾以前所未有的速度赢得市场。那是一个许多企业都不敢尝试的做法——把尚未完善的产品投放到市场，让客户来发现、举报产品的缺点。尽管许多客户因微软产品早期版本的不完善而不敢试用，但微软作为市场进入的领先者所获得的优势却足以抵消其早期客户的丧失。

由此可见，无论是强大的企业还是弱小的企业，在近似于物竞天择的商场竞争中都要面临生存的危机。如果企业意识不到存在着这样的危机，认为松懈一下也无妨，那么它终将会成为别人的战利品，并且绝对不会再有重赛的机会。是速度保证了企业在竞争中的胜出，当然速度同样不能离开执行的支撑。

对绝大多数企业来说，库存就是安全的保证，这意味着即使对客户的预测出了很大差错，仍然能够满足需求。但是没有一家企业达到了戴尔的速度。戴尔将组装和供应链变成了地球上效率最高的组织。11年前，戴尔的库存为20到25天。现在，它已经没有仓库了，虽然每天生产近8万部电脑，但是工厂的库存不超过两小时，整个运营的时间最长也只有72小时，戴尔的全球供应链始终在超常运转。

对戴尔首席执行官罗林斯来说，库存就像是鱼，他说："你保存的时间越长，他就会腐烂得越快。由于产品周期短，计算机零部件每周要贬值半个到一个百分点，降低库存是财务需要。"他认为，企业保存库存是对需求预测的避险工具，是供应链管理的无能，他说："很多企业喜欢高额的未完成订单。半导体产业喜欢看到半年的订单，如果我有三天以上的订单，迈克尔就要给我打电话了。"

戴尔模式对财务有深远影响，甚至成为了一种竞争武器。平均而言，计算机制造商在PC购买前30天就要向供应商付款。但是戴尔的按订单生产模式，使他们能立即得到客户的付款，戴尔立即从供应商处获得零件并在四天内发货，戴尔要等到从客户处收到款后36天才

向供应商付款。因此，戴尔的现金周转时间是负36天，这意味着公司的运营资金是负值，根本不需要运营成本，实际上，是供应商为戴尔的运营提供资金。

惠普没有透露自己的现金周转周期，但是由于平均库存为六周，现金周转周期一定是正数。由于戴尔每年的库存周转107遍，这与惠普的8.5倍和IBM的17.5倍相比都是巨大的优势。制造业的基本法则就是：库存周转越快，成本就越低。因此，罗林斯得意地表示，戴尔与竞争对手相比有内置的优势。IDC副总裁罗杰·凯伊表示："各种业界评估显示，接近零库存带给戴尔的成本优势高达八个百分点，这在一个商品化的领域是十分巨大的，惠普PC业务的利润率仅仅为1%，只要戴尔能取得一两个百分点的优势，就能让惠普的PC部门喘不过气来。"

为了争得戴尔的采购，供应商必须要找到解决方法，要足够灵活，成本很有竞争力。最重要的是快，要足以和戴尔的速度相比。戴尔采购主管加尔文表示："那些总是很守时的供应商得到了我们的大部分业务，做不到的供应商业务就越来越少。"

戴尔公司对自己和对供应商一样严格。戴尔在得克萨斯州奥斯丁北部和Nashville各有一家工厂，这是美国仅有的两家大型计算机组装工厂之一，IBM、Gateway、惠普、苹果电脑都将业务外包给了海外制造商。虽然台湾制造商的成本可能更低，但是戴尔决定控制制造业务。

在奥斯丁北部的Topfer制造中心，每小时能生产700多台PC，通过研究生产的录像带，工厂经理将组装计算机的时间减少了一半。

一名老手能在三分钟内组装一台Opti Plex或Dimension个人电脑。安装软件和测试要经过几个小时，这主要通过戴尔宽带服务器进行，八秒钟就能下载一个完整《大不列颠百科全书》。从接受订单到PC完工需要四到八小时。虽然这家工厂比其前身的规模小了一半多，但是产量却增加了3倍，预计在年底前还要再增加30%以上。迈克尔·戴尔本人亲自过问这方面的进展，他最近参观了这家工厂，经理们展示电脑装箱生产线如何从每小时300部提高到了350部，但是戴尔在祝贺的同时间："怎么才能提高到400部？"

这就是现在的竞争时代，做企业已经不能再慢条斯理地逐步发展了，市场与竞争者都不会给你这样的机会。在这个时代，只有比竞争对手更快才能获得最终的竞争优势。

执行力便是贯彻与落实的能力，而执行的过程便是让我们实现目标的过程。因此，在执行的过程中，我们要想使得自己的目标得以实现，就必须在执行的过程中提高执行的速度，唯有如此，我们才能取得更大的胜利。

【狼性执行说】

在这个讲究效率的年代，如果你的企业员工总是拖拖拉拉，无论他们的执行力再强，你的企业最终也会倒闭。因为，没有效率，就等于失去了竞争的机会。如同狼失去了最后一只羚羊一样，被活活饿死。